基础化学实验

主编 覃 松

副主编 苏布道 朱宇萍 王福海

科学出版社

北 京

内 容 简 介

为推进素质教育和创新性教育理念，针对化学专业一年级本科生逐步开展了宽口径专业特色的基础化学实验课程，本书是配套教材。

本书的指导思想是贯彻素质教育和创新性教育理念，更好地培养学生的探索精神、科学思维、实践能力和创新能力。本书由具有多年化学实验教学经验、同时具有教学新理念的老师编写而成，是集体智慧的产物。全书共包括25个实验，按内容分为四个方面：基础技能实验、制备实验、测定实验和性质实验，包含大部分的无机化学实验内容、部分分析化学实验和有机化学实验涉及基本操作的实验内容。

本书可作为综合性大学、工科类高等院校的本科生教材，适合专业有化学化工类、材料类、环境科学类、生命科学类等，也可以供相关专业工作人员和研究人员参考。

图书在版编目(CIP)数据

基础化学实验/覃松主编. —北京：科学出版社，2015

ISBN 978-7-03-044663-3

Ⅰ.①基… Ⅱ.①覃… Ⅲ.①化学实验 Ⅳ.①O6-3

中国版本图书馆CIP数据核字(2015)第124532号

责任编辑：郑祥志 陈雅娴 / 责任校对：张小霞

责任印制：徐晓晨 / 封面设计：迷底书装

科 学 出 版 社 出版

北京东黄城根北街16号

邮政编码：100717

http://www.sciencep.com

北京盛通商印快线网络科技有限公司 印刷

科学出版社发行 各地新华书店经销

*

2015年8月第 一 版 开本：720×1000 B5

2021年7月第七次印刷 印张：12 插页：1

字数：242 000

定价：35.00元

(如有印装质量问题，我社负责调换)

《基础化学实验》编写委员会

主　编　覃　松

副主编　苏布道　朱宇萍　王福海

编　委（按姓名汉语拼音排序）

兰子平　覃　松　阮尚全　苏布道

王福海　周文俊　朱宇萍　卓　莉

前　言

福尔摩斯的求学时代

大约一百年前的某一天，伦敦，贝克街 221B 号，喝下午茶的时候，福尔摩斯(S. Holmes)突然来了兴致，和华生(J. Watson)谈起自己在牛津大学读书时做化学实验的往事。

“你知道吗？我原本是要做一个化学家的。我至今仍然记得我第一次走进化学实验室的感受，强烈的好奇，觉得自己来对了地方，这就是我希望的地方。”

“你热爱化学实验？”华生明知故问。

“准确地说，我热爱探索未知事物，化学实验展现出来的奇妙世界把我迷住了。”福尔摩斯肯定地回答。

“你能说得具体一些吗？比如你做实验时的一些趣事？”华生进一步追问。

“我第一次做实验的时候，约瑟夫(Q. S. Joseph)教授——我的实验指导老师给了我一张纸条，然后就离开了。”福尔摩斯看了看华生：“上面写着配制五种溶液。我琢磨了半天，开始配制溶液，最后给教授提交了第一份实验报告。这是全班唯一得到 A 的实验报告。你知道为什么吗？”

福尔摩斯有些得意，拿出烟斗，但没点燃。

“你的字写得好。”华生故意调侃。

“哈哈，字写得好那是当然。我在实验报告的最后把溶液配制的一般方法总结出来了，并且分析得很详细。全班唯有我这么做了。想知道约瑟夫教授的评语吗？”

福尔摩斯不等华生回答便说：**“对实验方法的归纳总结，是认识由感性上升到理性的第一步。”**

“你竟然还准确地记得？”华生真的是有点吃惊了。

“这怎么能忘记？”福尔摩斯洋洋得意了。“这次实验报告原本应该得 A＋的。我去问了教授，他的回答很肯定，‘你第一次实验报告就得了 A＋，以后怎么办？’”

“那你以后得过 A＋吗？”华生觉得这样的故事还是有些意思的。

“我的朋友，”福尔摩斯有些无奈地点燃烟斗，喷出一缕长长的白烟：“得 A＋的成绩真是非常难的。我在约瑟夫教授那里做了三十多个实验，说来惭愧，只有两次实验得了 A＋。”

华生有些好奇了：“哪两次呢？”

“一次是硫代硫酸钠的制备，那是我做的第一个制备实验。我的实验报告的特别之处是，我把所有实验步骤的深层原因都追究出来了，为什么要加热，为什么要加辅助溶剂，等等，我都记不起来了。教授的评语是最重要的，约瑟夫教授的评语是：**你开始走上了科学探究之路。**”

华生看得出来，福尔摩斯是真的发自内心的自豪。

“最后一次得 A＋，真是穷尽了各种努力。因为一旦得了 A＋，按相同方法写的实验报告就不会再得 A＋了，按教授的说法就是，你总得创新啊。所以，得 A＋就成了我们全班同学所追求的目标了。而整个一学年，全班只有我得了两个 A＋。这真是我的莫大荣誉。”

福尔摩斯看了看华生，微笑着继续说：“我再次得到 A＋是得到了两位好朋友的帮助。一位是瓦尔德(F. H. Wilde)，我的同学，曾经在东方有过游历。他曾提过，如果在报告中添加些异国情调，也许能出奇制胜。这真是一个脑洞大开的创意。正好学校有个东方文化研究所，我就去拜见了以研究东方文化闻名的苏珊(B. D. Susan)教授，她给了我一些东方的古典诗词书籍。按她的原话，‘即便对写实验报告没有帮助，读读这些美文也是有好处的’。”

福尔摩斯把目光转向华生：“你觉得这些古老的充满智慧的东方诗歌，会对我做实验和写实验报告有帮助吗？”

这一次，华生感到很茫然，不知做何回答：“也许吧，看你……”

“当然，知识就在你的眼前，看你怎么用了。”福尔摩斯接着说：“你读过的书、学过的知识很多，它们堆积在你的脑海里，记住了，忘记了，进进出出，无限循环。当你以为已经遗忘的时候，如果你真正需要，它一定会蹦出来，给你惊喜。”

福尔摩斯喝口茶，再吸口烟，缓缓说道：“在我写粗食盐提纯实验报告的时候，我的脑海中突然迸发出苏珊教授给我提到过的，公元十一世纪的一位东方伟大诗人柳永的诗歌《煮海歌》，我想都没想就把这首伟大的诗歌写进了实验报告。这是一首描述海盐制造场(晓峰盐场，今浙江舟山定海区)的盐工劳苦的诗歌，我至今还记得苏珊教授给我讲这首诗歌时眼里闪动的泪光。”

“约瑟夫教授一定也感动了？”华生觉得这有把握。

“约瑟夫教授是一个不轻易流露感情的人，他给了我这样的评语，”福尔摩斯歇口气：“**知识只有放在更为广泛的时空范围中、在与别的学科的交融中、在与历史文化的相结合中、在与社会生活产生共鸣中，才会更加生动、鲜活，知识才会承载着历**

史文化传统。”

福尔摩斯看着华生:“我一看到这样的评语,眼泪就流了下来。”

好一会儿,福尔摩斯缓过劲来:“说点轻松的吧,你知道有的时候,做实验是需要同伴的,当一个人不能很好地完成实验的时候,同伴就显得尤其重要。”

“做你的同伴一定非常有趣。”华生笑道。

“不,是我的荣幸,当我的同伴是朱迪(Y. P. Judy)女士时,尤其如此。”福尔摩斯望着窗外,眼里放射出神奇的光彩。

当黄昏来临,华生独自一人走回家的时候,脑子里还在琢磨着那位福尔摩斯不愿多说的朱迪女士,这会是怎样一位让福尔摩斯两眼放光的女士呢?

上述虚构内容很好地体现了本书编写的指导思想:**方法论的培养、科学探究意识的养成、知识对历史文化的传承**。

化学实验教学的目的是,通过贯彻素质教育和创新性教育理念,更好地培养学生的探索精神、科学思维、实践能力和创新能力。编者通过多年基础化学实验的教学实践,针对实验教学的各个环节,探索了不同的创新方法,希望能够编写出一本具有创新意义的教材。

本书的创新之处体现在:

(1) 在实验原理方面,以训练学生解决问题的思路和方法为目的,重在培养学生对一般实验方法的了解和掌握,并培养学生的科学探究意识。使学生不仅学到具体的实验理论和实践知识,还学到一般的方法论。让学生理解每一个实验步骤的原因,明了每种试剂使用的理由,并推广到一般的方法论。这些实践使学生能够理论联系实际,并学习如何进行归纳和总结。同时,还能很好地培养学生的思辨能力,养成逻辑推理的习惯。既要知其然,更要知其所以然。

(2) 在具体某项操作或某个仪器的使用方面,以确立原则为主,具体方法由学生自己实践和选择,营造鼓励学生进行创新性思维和实践的外在条件,更好地培养学生的探索精神,避免教条禁锢学生。

(3) 本书针对每个实验增加了知识拓展部分,涉及广泛的知识背景的介绍。这些知识背景有些与专业知识相关,可作为实验原理进行更深入的讨论,也可以作为实验方法的更广泛的应用,还有些与社会、历史、文化、人生等相关。

感谢各位编者苏布道、朱宇萍、王福海、兰子平、阮尚全、周文俊、卓莉的辛勤工作,他们付出的心血使本书更加出色。感谢黄成华老师对本书提出的宝贵意见。感谢内江师范学院化学化工学院 2011 级化学专业学生高彬为本书化学仪器和实验装置制图。感谢科学出版社的郑祥志编辑、陈雅娴编辑为本书付出的辛劳。

感谢四川省教育厅本科教学工程项目“再生资源科学与技术专业综合改革”、内江师范学院本科教学工程项目“化学化工综合实践教学改革”、“资源循环科学与工程专业卓越工程师计划”对本书出版的资助。

由于时间仓促，书中不足之中在所难免，希望读者不吝赐教。

覃　松

2015 年 4 月 18 日

目　录

绪论　基础化学实验基础知识

基础化学实验是化学及相关专业本科生进入大学后必修的第一门专业基础实验课程，其目的是培养学生严谨的科学态度、实事求是的工作作风、良好的实验室工作习惯及独立思考的能力、创新意识和探索精神，主要任务是培养学生正确地掌握化学实验的基本操作和基本技能。通过实验，加深学生对课堂上讲授的基本原理和基础知识的理解和掌握，增强其运用所学理论解决实际问题的能力；学会正确观察化学反应现象以及数据处理方法；培养学生初步的独立进行实验工作的能力，为学生进一步学习后续化学课程和参加实际工作打下良好的基础。

一、实验室规则

各个实验室因为目的不同、仪器不同、实验项目不同，实验室规则略有差异。一般意义上的实验室规则包含以下几方面内容：

(1) 准备实验记录本，每次实验应提前 5～10 min 进入实验室，做好实验准备工作，不得无故缺席、迟到、早退和无故退出实验。

(2) 实验前一定要认真预习与实验有关的理论知识，明确实验目的、要求、仪器原理及实验原理，熟悉实验操作步骤和规程，未做好预习者不得进行实验。

(3) 必须在教师的指导下认真进行实验，实验过程中不得擅自离开实验室。要重视实验安全，若需要做规定内容以外的实验或对原实验进行改进，应先将实验方案提交实验教师审定，经教师同意并在教师指导下进行实验操作。实验过程中如遇疑难问题，应及时请教教师。

(4) 爱护实验室仪器设备、药品、实验材料及用具，节约使用水、电、气，在确保实验成功及实验效果的前提下尽量降低实验成本。

(5) 使用精密仪器时，必须先认真阅读仪器说明书，明确仪器操作规程，按照仪器操作规程细心操作，以免损坏仪器。若仪器出现故障，应立即停止使用，并及时报告教师，及时排除故障。

(6) 保持实验室内肃静，不得大声喧哗。

(7) 不乱拿别人的仪器和其他实验用品，如遇缺损、不合格等问题时，应及时报告教师，请求更换或补充，更不得把实验室的任何物品带出实验室。

(8) 加强环保意识，废液、废渣不能随便倒入下水道，应倒入指定地点，以便集中处理。

(9) 使用剧毒药品应严加管理，剩余的剧毒、易燃、易爆的危险药品应交还实验室工作人员，并对废弃物进行回收处理。

(10) 仪器破损后立即报告教师，填写仪器报损单，并按赔偿制度处理。

(11) 实验结束时，应将实验原始记录交指导教师检查，不合格者应重做或补做；合格者应将仪器洗净、妥善存放，并做好清洁工作，洗净双手，将实验原始记录交指导教师检查并签字后方能离开实验室。值日生应进行实验室的清洁扫除及整理工作，协助教师关好水、电、气和门窗。

(12) 实验室属于重点防护场所，非实验时间严禁随意进入；实验时间内，非实验人员不得入内，学生不得随意进入实验准备室。

二、实验室安全知识

化学实验室是安全防护的重点场所，进行实验时必须具有安全意识，要严格遵守水、电、气及各种仪器、药品的安全使用规则，重视实验的安全操作，以防意外事故的发生。

(1) 实验室用电时，应先检查电源及用电器是否正常，如存在问题应先行排除。不得用湿手、湿物接触电源。操作中应先接好线路、仪器，再接通电源，实验完成后应先切断电源，再拆除线路及仪器。

(2) 水、电、气使用完毕后应立即关闭。燃烧物品(如火柴等)不得乱扔，可燃物品要远离火源。

(3) 产生有毒气体(如 CO、NO_2、SO_2、H_2S、Cl_2、Br_2 等)的实验，应在通风橱内(或通风处)进行，以防中毒事件的发生。

(4) 严禁做无人实验；观察实验现象时，在能够观察清楚实验现象的前提下，眼睛尽量远离实验观察点；实验时不允许随意混合各种化学药品，以免发生意外；做危险实验时，应戴上防爆、防毒面具。

(5) 应了解实验室各类危险物品(如易爆、可燃物品)的基本知识，遇到问题要保持冷静，采取适当的方法妥善处理。

(6) 实验室内严禁吸烟、饮食，有毒药品不得入口和接触伤口。嗅闻气体应采用扇闻方式进行。

(7) 遵守防火规则，熟悉消防器材存放的位置和使用方法。

三、实验室意外事故的处理

进入实验室之前，应熟悉实验室各种意外事故的处理方法，若实验过程中发生意外事故，不要慌张，应沉着、冷静，采取正确的方法迅速进行处理。

(1) 烫伤的处理。若烫伤处皮肤未破裂，可涂饱和碳酸氢钠溶液或涂抹烫伤膏；若伤处皮肤有破损，可涂抹紫药水，再涂上烫伤膏；若伤势较重，可撒上消炎药粉或烫伤药膏，用油纱绷带包扎。

(2) 酸腐蚀伤的处理。先用大量水冲洗，然后搽上碳酸氢钠油膏，伤势严重时，应立即送医院急救。如果酸液溅入眼中，先用大量水长时间冲洗，然后用3%碳酸氢钠溶液冲洗，最后用清水洗眼，并送医院治疗。

(3) 碱腐蚀伤的处理。应立即用大量水冲洗，然后用2%乙酸溶液、1%柠檬酸或硼酸饱和溶液冲洗，再用水冲洗。如果碱液溅入眼中，除用大量水冲洗外，再用硼酸溶液冲洗，并送医院治疗。

(4) 割伤(玻璃或金属刺伤等)的处理。若伤口内有碎片，应先挑出碎片，立即用药棉揩净伤口，搽上龙胆紫药水，必要时撒些消炎药粉，再用纱布包扎。如果伤势较严重，先用酒精在伤口周围擦洗消毒，然后立即送医院治疗。

(5) 磷烧伤的处理。用1%硫酸铜、1%硝酸银或浓高锰酸钾溶液处理伤口后，进行包扎，严重时应送医院治疗。

(6) 吸入有毒气体的处理。吸入Cl_2、HCl、Br_2蒸气时，可吸入少量乙醇和乙醚的混合蒸气以解毒，同时应到室外呼吸新鲜空气，但注意氯气及溴中毒时不可进行人工呼吸；吸入硫化氢感到不适时，应立即到室外呼吸新鲜空气。

(7) 火灾的处理。发生火灾时，应在灭火的同时采取措施防止火灾蔓延，移走易燃物品，切断电源等。灭火时应采用合适的灭火器材和方法。例如，乙醇等有机溶剂引起着火时，应立即用湿布或沙土等扑灭，若火势较大，可使用CCl_4灭火器、CO_2或泡沫灭火器，但不可用水扑救，因水能和某些化学药品(如金属钾、钠)发生剧烈的反应而造成更大的火灾。若遇电气设备着火，必须使用CCl_4灭火器或CO_2灭火器，绝对不可用水或泡沫灭火器，以免引起触电事故的发生。当衣服着火时，切勿惊慌乱跑，应尽快脱下衣服或就地卧倒滚灭。

(8) 触电事故的处理。首先应切断电源，利用绝缘物(如干木棒、竹竿等)将触电者与电源分开，必要时进行人工呼吸。若事故严重，应立即送医院治疗。

四、废液处理

化学实验应建立绿色化学理念，实验室产生的大多数废气、废液、废渣都是有毒物质，其中还有些是剧毒物质或致癌物质，若不加处理就排放，不仅会造成环境污染，还会危害人类健康。因此，必须积极采取有力措施，进行无害化处理以减小污染，或进行回收利用。

常见废液的处理方法有以下几种：

(1) 废酸、废碱的处理。应分开储存，可采用中和法处理，条件允许时可加以回收利用。

(2) 含铬废液的处理。含铬废液通常是Cr(Ⅵ)的化合物，可采用还原沉淀法处理。一般是在含铬废液中加入还原剂，如硫酸亚铁、亚硫酸钠或废铁屑，在酸性条件下将有毒的Cr(Ⅵ)还原为低毒的Cr(Ⅲ)，再加入氢氧化钙或石灰等，调节

pH 使 Cr(Ⅲ)形成低毒的 $Cr(OH)_3$ 沉淀，经静置或过滤分离，清液达标后排放，残渣可综合利用，或残渣与煤渣一起焙烧，处理后填埋。

(3) 含汞废液的处理。汞在废液中一般以 Hg_2^{2+} 和 Hg^{2+} 两种形式存在，含汞废液毒性极大，可采用絮凝沉淀法处理。通常先将废液调至 pH 8～10，加入过量硫化钠，使各种形态的汞转化成难于溶解的硫化汞沉淀，再加入硫酸亚铁处理过量的硫化钠，生成的硫化亚铁作为共沉淀剂吸附悬浮在水中难于沉降的硫化汞而沉降，经静置或过滤分离，清液达标后排放。少量残渣可填埋处理，大量残渣可焙烧回收汞或制成汞盐利用。

(4) 含重金属离子废液的处理。通常采用沉淀法处理：一般加入碱或消石灰、硫化钠处理，使重金属离子生成难溶、低毒的氢氧化物沉淀或硫化物沉淀，经过滤分离，清液达标后排放。少量残渣可填埋处理，大量残渣可回收利用。

(5) 综合废液的处理。互不作用的废液可用铁粉处理，通常将废液 pH 调节为 3～4，加入铁粉，搅拌一定时间，再用碱调节 pH 为 9 左右，加入高分子混凝剂进行沉淀，经分离后清液可排放，沉淀物以废渣处理。

(6) 含重金属有机废液的处理。一般采用焚烧和氧化方法，先将重金属离子转化成无机盐，作为无机废液处理。

五、基础化学实验的学习方法

学好基础化学实验是大学实验的良好开端，基础化学实验具有一定的启蒙性。因此，认真学好本门课程，对后续课程的学习具有重要的意义。既要端正学习态度，还要有正确的学习方法。基础化学实验的一般步骤如下。

1. 预习

认真预习是做好实验的前提。预习实验的时候，要认真钻研实验内容，明确实验要求，理解实验原理，熟悉实验步骤，熟悉实验仪器的使用与实验相关技术、注意事项以及实验数据(信息)的处理要求，并查阅相关文献资料，通过自己的思考，简明扼要地写出预习报告。

预习报告涉及内容包括：

实验目的；

实验原理；

实验内容(不要求写出实验全部内容，只需写出预习时认为需要特别注意的内容，以及需要预先处理的数据等)；

实验仪器(部分仪器、新使用仪器的使用方法及注意事项)；

实验安全(包括药品及实验操作)；

注意事项(预习心得、从个人角度考虑需注意的事项)；

疑问(问题)。

2. 实验过程

严格按照实验内容完成实验,鼓励学生在与教师充分交流的情况下,对部分实验内容进行探究性改进;实验记录要求及时、准确、完整,实验数据记录必须反映出实验仪器的准确度,现象记录要求涉及颜色、物态、气味等;实验完成后,应洗净实验仪器,擦净实验台面,并做好实验室整理、清洁卫生工作。

3. 实验报告

实验报告是实验的最好总结,要依据所做实验的实际情况如实撰写。实验报告要规范,实验报告的格式依据实验类型不同略有差异。

1) 制备实验报告参考格式

基础化学实验制备实验报告

实验名称___________________实验室_______________ 成绩______
姓名________ 学号_____________ 专业_____________组别________
室温______ 气压________实验日期____ 年__月__日 指导教师__________
实验目的:
实验原理:
实验流程:
实验现象:
实验结果:(产品性状描述、产率)
问题及讨论:(针对实验各步骤讨论实验方法和实验具体情况对产率的影响等)
思考题和习题:

2) 测定实验报告参考格式

基础化学实验测定实验报告

实验名称___________________实验室_______________ 成绩______
姓名________ 学号_____________ 专业_____________组别________
室温______ 气压________实验日期____ 年__月__日 指导教师__________
实验目的:
实验原理:
实验步骤:
实验数据及处理:(实验数据记录及结果计算;结果有文献值需计算平均相对

误差,结果无文献值需计算平均相对偏差)

问题及讨论:(针对实验各步骤讨论实验方法和实验具体情况对相对误差或相对偏差的影响等)

思考题和习题:

3) 性质实验报告参考格式

基础化学实验性质实验报告

实验名称__________________实验室______________ 成绩______

姓名________ 学号____________ 专业____________组别_______

室温_____ 气压________实验日期____年__月__日 指导教师__________

实验目的:

实验内容:

实验步骤	实验现象	解释及反应式

问题及讨论:(依据实验具体情况讨论实验各步骤出现的异常现象等)

思考题和习题:

六、常用灭火器材及适用范围

常用灭火器材及适用范围见表 0-1。

表 0-1 常用灭火器材及适用范围

灭火器种类	主要成分	适用范围
泡沫灭火器	$Al_2(SO_4)_3+NaHCO_3$	扑救木材、棉布、油类等火灾;不能扑救醇、酯、醚、酮等和带电火灾
二氧化碳灭火器	CO_2 液化气体	扑救贵重设备、档案资料、电气设备及仪器仪表、油类和其他有机物(如甲醇、乙醇、沥青、石蜡等)火灾,扑救气体(如煤气、天然气、甲烷、乙烷、丙烷、氢气)和带电燃烧引起的火灾
干粉灭火器	活性灭火组分、疏水成分、惰性填料	扑救一般火灾,如油、气、有机溶剂、电气设备引起的火灾
1211 灭火器	CF_2ClBr 液化气体	扑救易燃液体、气体、金属、精密仪器、贵重物资、高压电器设备引起的火灾

七、实验室用水及制备方法

实验室用水一般根据实验需要不同而选用不同纯度的水。按水的纯度不同,实验室用水可分为一级、二级和三级,基础化学实验用水一般选用蒸馏水。我国分析实验室用水的国家标准(GB/T 6682—2008)见表0-2。

表0-2 实验室用水标准

名称	一级水	二级水	三级水
pH(25℃)	—	—	5.0～7.5
电导率(mS/m)(25℃)	≤0.01	≤0.1	≤0.5
可氧化物(以O计)(mg/L)	—	≤0.08	≤0.4
吸光度(254 nm,1 cm光程)	≤0.001	≤0.01	—
蒸发残渣量 105℃±2℃(mg/L)	—	≤1	≤2
可溶性硅(以SiO_2计)含量(mg/L)	≤0.01	≤0.02	—

注:由于在一级水、二级水的纯度下,难以测定其真实pH,因此,对一级水、二级水的pH范围未做规定;由于在一级水的纯度下,难以测定可氧化物质和蒸发残渣,对其限量未做规定;可用其他条件和制备方法保证一级水的质量。

实验室制备纯水常用的三种方法如下:

(1) 蒸馏法。其原理是将自来水加热至沸腾,将产生的蒸汽冷凝收集而制得。此法制得的蒸馏水仅除去了非挥发的杂质(如盐类等),不能除去挥发性杂质(如氨、二氧化碳、有机物等)。

(2) 离子交换法。其原理是利用离子交换树脂进行离子交换以除去水中杂质。实验室通常将水通过装有阳离子交换树脂(常用苯乙烯型强酸性阳离子交换树脂)和阴离子交换树脂(常用苯乙烯型强碱性阴离子交换树脂)相结合的柱子,除去水中的杂质而得到纯水,此法得到的水也称为去离子水。

(3) 电渗析法。其原理是将水通过离子交换膜,使离子从水溶液中有效地分离出来,与水分离而得到纯水。

八、化学试剂的分类与规格

化学试剂种类繁多,其分类方式也不相同。按其杂质含量一般分为一级试剂、二级试剂、三级试剂、四级试剂(四级一般较少见)和生物试剂几种规格。

一级试剂:优级纯(GR,绿色标签),又称保证试剂。其主体成分含量和纯度都很高,适用于精确分析和研究工作,有的也可作为基准物质。

二级试剂:分析纯(AR,红色标签),其主体成分含量很高、纯度较高,杂质含量很低,适用于重要分析、一般研究工作及化学实验。

三级试剂：化学纯（CP，蓝色标签），主体成分含量高、纯度较高，存在干扰杂质，适用于一般分析、化学实验和合成制备。

四级试剂：实验纯（LR，咖啡或玫瑰红色标签），其主体成分含量高，纯度较差，杂质含量不做选择。

生物试剂：（BR 或 CR，黄色标签），一般供生化实验使用。

化学试剂的选择原则是：在能满足需要的条件下，就低不就高，以降低实验成本。

（执笔：阮尚全；审定：覃松）

实验一　常用仪器认领、洗涤和干燥

一、实验目的

领取实验常用玻璃仪器并熟悉其名称、规格，了解使用注意事项，学习并练习玻璃仪器的洗涤和干燥方法。

二、常用玻璃仪器简介

常见玻璃仪器见表 1-1。

表 1-1　常见玻璃仪器

仪器	规格	主要用途	使用方法和注意事项
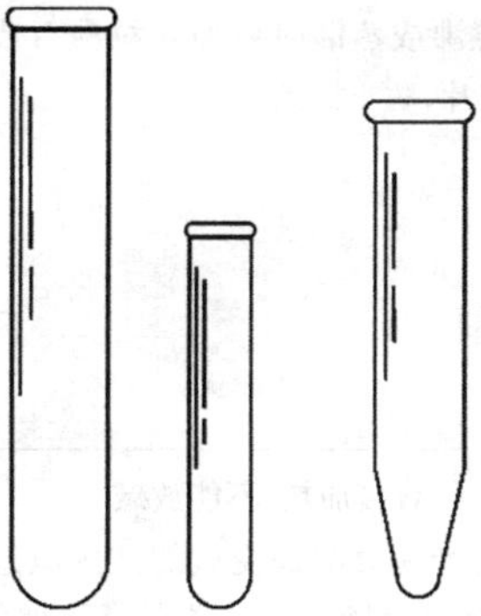 试管　离心试管	有刻度试管按容积(mL)分：5、10、15、20、25、50 无刻度试管按外径(mm)×管长(mm)分：8×70、10×70、10×100、12×100、12×120、15×150、30×200 等	1. 用作少量试剂的反应容器或溶解容器 2. 用于收集少量气体 3. 用作一些简易的发生或洗气装置 4. 离心试管还可用于沉淀分离	1. 在常温或加热时都可以使用，可用酒精灯直接加热(离心试管不可直接加热) 2. 装液体时，液体不要超过试管容积的 1/2，如果需加热，则液体不能超过 1/3，以防止震荡时液体溅出或受热溢出 3. 取用固体时用药匙、纸槽或镊子，防止粉末药品粘在试管壁上或较硬药品损坏试管 4. 加热试管时用试管夹。加热前把试管外壁的水珠擦干，加热时先使试管均匀受热，防止试管炸裂 5. 加热液体时，试管与实验台面倾斜角为 45°，试管口不要对着人。加热固体时管口应略向下倾斜，避免管口冷凝水回流管底而引起破裂

续表

仪器	规格	主要用途	使用方法和注意事项
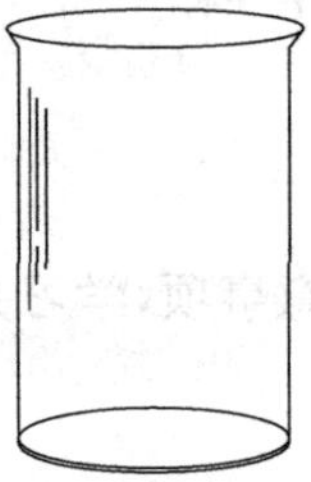 烧杯	有刻度烧杯按容积(mL)分：50、100、250、500、1000等，还有1、5、10的微量烧杯	1. 溶解、稀释、浓缩、水浴和配置溶液 2. 作较多试剂的反应容器 3. 可以借助称量腐蚀性药品	1. 可以加热。烧杯用作反应容器或水浴容器需要加热时，要垫上石棉网，外壁要擦干，防止受热不均使玻璃破裂。装液体量一般不要超过烧杯容积的2/3，防止搅动时液体溅出或沸腾时液体溢出 2. 在烧杯中配制溶液时，一般选用烧杯容积比所要配制溶液的体积大一倍为宜 3. 转移或倾倒液体时，应从烧杯嘴处向外倾倒
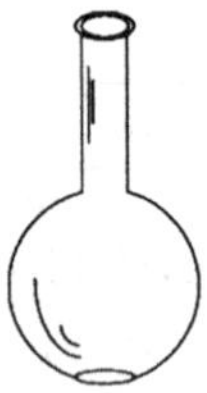 平底烧瓶 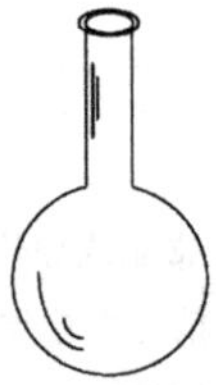 圆底烧瓶 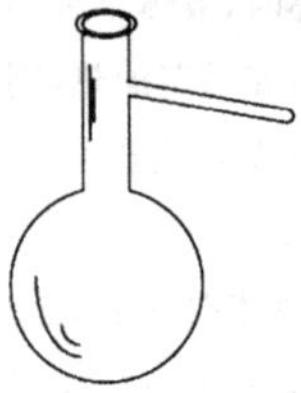 蒸馏烧瓶	按容积(mL)分：50、100、250、500等	一种反应容器，可用作装配气体发生器和反应容器、蒸馏装置(蒸馏烧瓶)、特殊情况下的收集装置	1. 圆底烧瓶和蒸馏烧瓶加热时要垫上石棉网，外壁事先擦干。加热时一般不选用平底烧瓶 2. 在装置中一般用铁架台(包括铁夹)固定，防止滚动而打破 3. 加热时液体的体积一般是烧瓶容积的1/3～1/2，不能蒸干 4. 煮沸或蒸馏时要加几粒沸石或碎瓷片，防止暴沸
 广口瓶	按容积(mL)分：100、125、250、500、1000等	1. 主要用于盛装固体药品 2. 用于组装反应容器(集气瓶)	1. 不能直接加热，不能放碱 2. 见光易分解或变质的试剂应选用棕色试剂瓶 3. 做气体燃烧实验时瓶底应放少许砂子或水，防止玻璃瓶破裂

续表

仪器	规格	主要用途	使用方法和注意事项
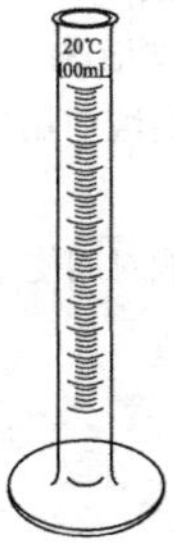 量筒	按容积（mL）分：5、10、20、25、50、100 等	测定取用液体的体积	1. 属粗量器，一般精确度≥0.1 mL。应选用相同或比所需体积稍大规格的量筒 2. 不能加热，室温下使用 3. 不能用量筒作反应容器 4. 不能直接用量筒配置溶液 5. 正确读数值，视线与液体的凹液面的最低点水平相切 6. 特殊情况下，可以间接测量气体或固体的体积
 吸量管  移液管	按刻度最大标度（mL）分：1、2、5、10、25、50 等 微量（mL）：0.1、0.2、0.25、0.5 等 还有自动移液管	精确移取一定体积的液体	1. 吸入液体，使液面超过刻度，再用食指按住管口，轻轻转动放气，使液面降至刻度后，用食指按紧管口，将管移往指定容器上，放开食指，使液体注入 2. 用时先用少量所移取液润洗三次，保证所取液浓度或纯度不变 3. 一般吸管残留的最后一滴液体不要吹出（完全流出式应吹出），制管时已考虑
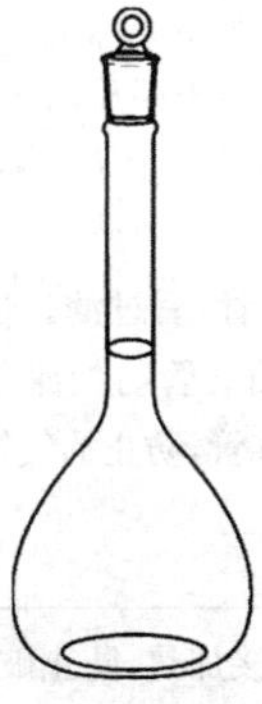 容量瓶	按容积（mL）分：5、10、25、50、100、250、500、1000 等	用于配制一定体积的准确物质的量浓度的溶液	1. 使用前检查是否漏水 2. 瓶塞不能互换；不能加热和烘烤；不能储存液体 3. 溶质先在烧杯内溶解，再完全转入容量瓶 4. 不能代替试剂瓶用于存放溶液，避免影响容量瓶容积的精确度

续表

仪器	规格	主要用途	使用方法和注意事项
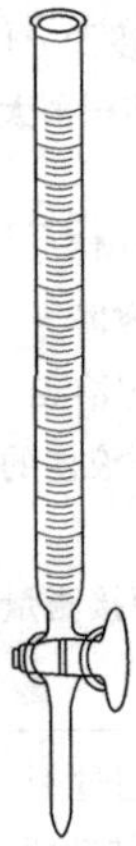 酸式滴定管  碱式滴定管	按刻度最大标度（mL）分：25、50、100 等	1. 用于滴定操作 2. 准确量取一定体积的液体等	1. 酸管旋塞应擦凡士林，碱管下端橡皮管不能用洗液洗 2. 用前洗净，装液前用预装液润洗三次 3. 酸、碱管不能对调使用
 漏斗  长颈漏斗	按斗径（mm）分：30、40、60、100、120 铜质漏斗专用于热滤	1. 过滤液体 2. 倾注液体 3. 长颈漏斗常装配气体发生器，加液用 4. 有时也用在其他实验上，如吸收气体防止倒吸的装置	1. 不可直接加热，防止破裂 2. 过滤时漏斗颈尖端必须紧靠承接滤液的容器壁，防止滤液溅出 3. 长颈漏斗作加液时斗颈应插入液面内，防止气体自漏斗泄出
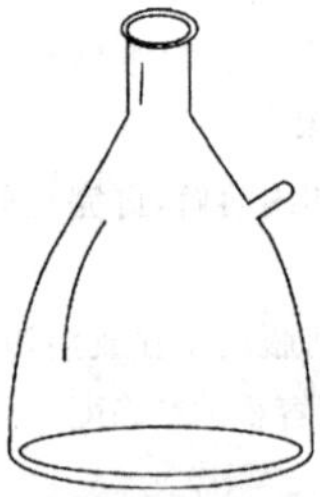 抽滤瓶或吸滤瓶  布氏漏斗	按容积（mL）分：50、100、250、500 等 两者配套使用	用于制备中晶体或沉淀的减压过滤	1. 不能直接加热 2. 滤纸要略小于漏斗的内径，才能贴紧，防止过滤液由边上漏滤，过滤不完全 3. 先开抽气管，后过滤。过滤完毕后，先分开抽气管与抽滤瓶的连接处，后关抽气管，防止抽气管水流倒吸
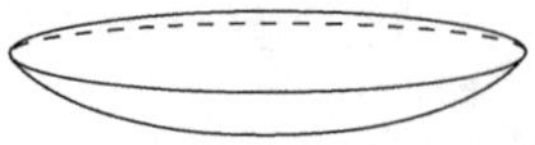 表面皿	按直径（mm）分：45、65、75、90	盖在烧杯上，防止液体迸溅或其他用途	不能用火直接加热，防止破裂

续表

仪器	规格	主要用途	使用方法和注意事项
 蒸发皿	按容积(mL)分：75、200、400 等	用于蒸发、浓缩溶液，也可以用于加热干燥少许固体	1. 可以直接加热，不能骤冷 2. 所盛液体不能超过蒸发皿容积的 2/3，防止溅出 3. 加热过程中可用玻璃棒不断搅动，以防止液体局部温度过高造成液体飞溅 4. 一般加热到蒸发皿出现较多量的固体时，即停止加热，用余热可将溶液蒸发完。一般在石棉网上加热，受热均匀
 坩埚	按容积(mL)分:10、15、25、50 等	常用于灼烧不腐蚀坩埚的固体，也可以用于有机物的燃烧实验和结晶水合物的分解实验	1. 直接加热时应放置在铁三脚架的泥三角上 2. 加热后，要用坩埚钳移取，不能直接放置在桌面上，应放在石棉网上，防止烧坏桌面 3. 冷却时盖好盖，必要时放在干燥器中冷却 4. 加热过程中，可以采取均匀转动坩埚或用玻璃棒慢慢搅动等方法，使其受热均匀
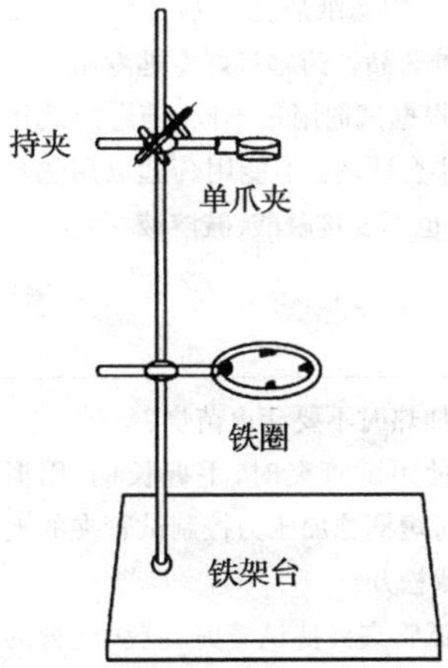	铁制品，铁夹有铁质的和铝制的 铁架台有圆形和方形	用于固定、放置仪器 铁圈还可以替代漏斗架使用	1. 用于仪器和装置的固定时，一般按照由下至上的顺序进行。通常铁夹和铁圈夹持的方向与铁架台底座一致，以使装置稳定 2. 铁夹夹持仪器时，应以仪器不能转动为宜，不能过紧或过松 3. 加热后的铁圈不能撞击或摔落在地

续表

仪器	规格	主要用途	使用方法和注意事项
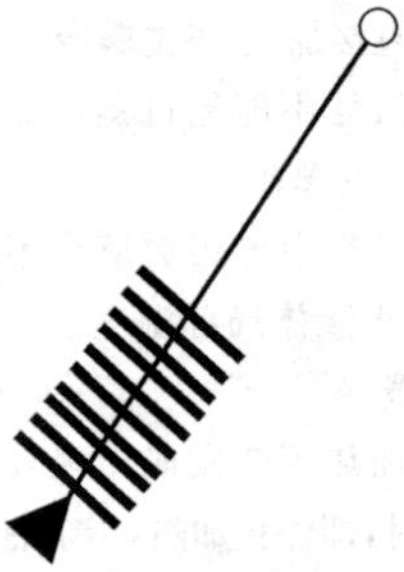 毛刷	以大小或用途表示，如试管刷、滴定管刷等	洗刷玻璃仪器	洗涤时手持刷子的部位要合适，要注意毛刷顶部竖毛的完整程度
 研钵	常用的研钵为瓷制品，也有玻璃、玛瑙、氧化铝、铁的制品	用于研磨固体物质或进行粉末状固体的混合；按被研磨固体的性质和产品的粗细程度选用不同质料的研钵	1. 进行研磨操作时，研钵应放在不易滑动的物体上，研杵应保持垂直。大块的固体只能压碎，不能用研杵捣碎，否则会损坏研钵、研杵或将固体溅出 2. 研钵中盛放固体的量不得超过其容积的 1/3，避免研磨时把物质甩出 3. 研钵不能进行加热。易爆物质只能轻轻压碎，不能研磨
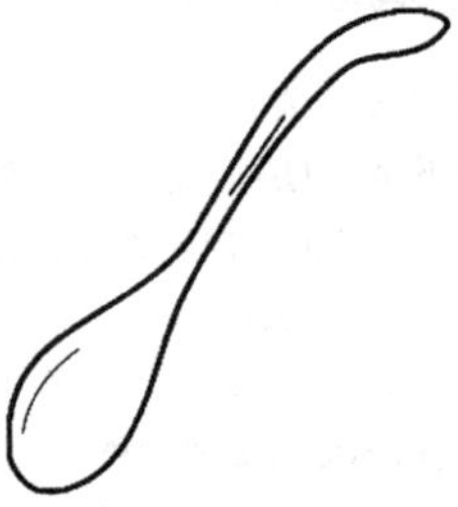 药匙	用牛角、瓷或硬塑料制成	拿取固体药品	1. 取用一种药品后，必须将药匙洗净，并用滤纸屑擦干后才能取用另一种药品。药匙最好专匙专用 2. 根据试剂用量不同，药匙应选用大小合适的。不能用药匙取用热药品，也不要接触酸、碱溶液
 试管夹(木)	一般是木质仪器	用于夹持加热的试管	1. 加热时不要让火苗烧着试管夹 2. 使用试管夹时，手握长柄，用拇指对短柄施加压力控制试管夹的夹紧或松开 3. 试管夹夹持试管时，应从试管的底部往上套，夹在距离试管口 1/3 处，夹紧后拇指不要再按住试管夹的短柄，以免试管脱落

续表

仪器	规格	主要用途	使用方法和注意事项
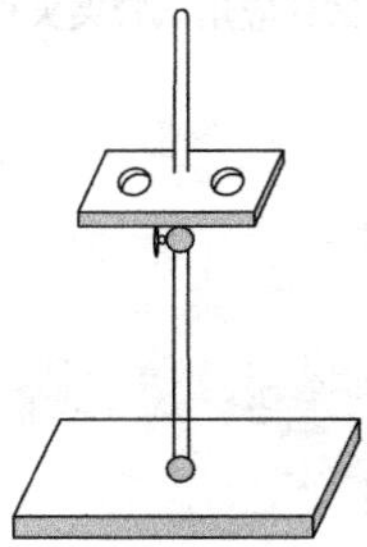 漏斗架	木制品，有螺丝可固定于铁夹或木架上，也称漏斗板	过滤时承接漏斗用	固定漏斗架时，不能倒放
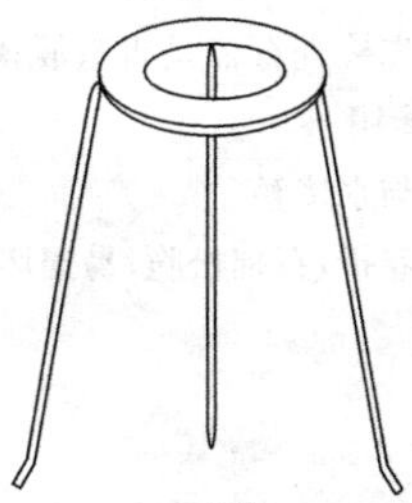 三角架	铁制品，有大小、高低之分，比较牢固	放置较大或较重的加热容器	1. 加热时一般先放石棉网 2. 加热灯焰一般用氧化焰
 燃烧匙	根据不同需要，燃烧匙的材料不同。一般用铁质丝和铜质勺铆合而成	用作检验物质的可燃性。盛放少量物质，在气体中进行燃烧反应实验的仪器	1. 使用时燃烧匙应由瓶口慢慢下移，以使反应完全。手尽量握持燃烧匙的上端 2. 用完后立即把燃烧匙处理干净，以免腐蚀燃烧匙或影响后面实验 3. 选用的不同材料的燃烧匙可以避免反应物与燃烧匙反应。为避免影响实验现象，有时在燃烧匙的底部铺一层细砂
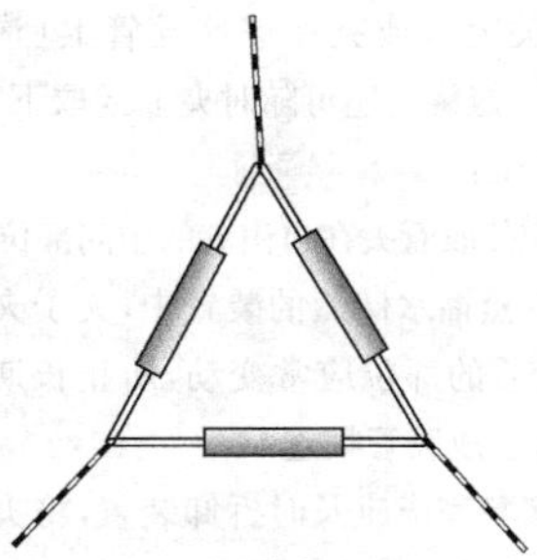 泥三角	由铁丝扭成，套有磁管。有大小之分	灼烧坩埚时放置坩埚用	1. 使用前，检查铁丝是否断裂，断裂不能使用 2. 坩埚底应横着斜放在三个磁管中的一个磁管上 3. 灼烧后，小心取下，防止摔落

续表

仪器	规格	主要用途	使用方法和注意事项
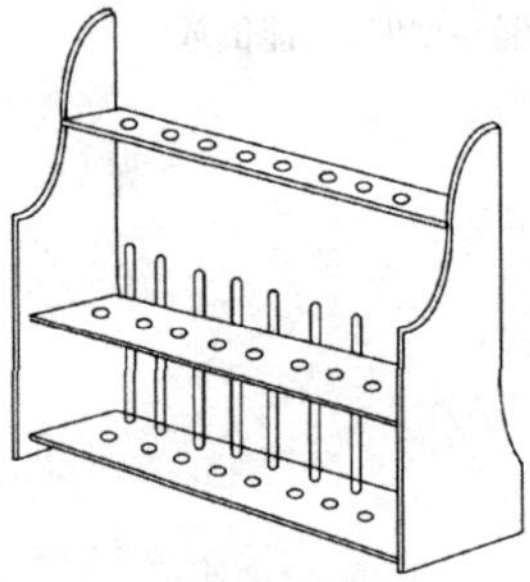 试管架	有木质和铝制的，有不同形状和大小之分	放置试管	加热后的试管应用试管夹夹住悬放在架上
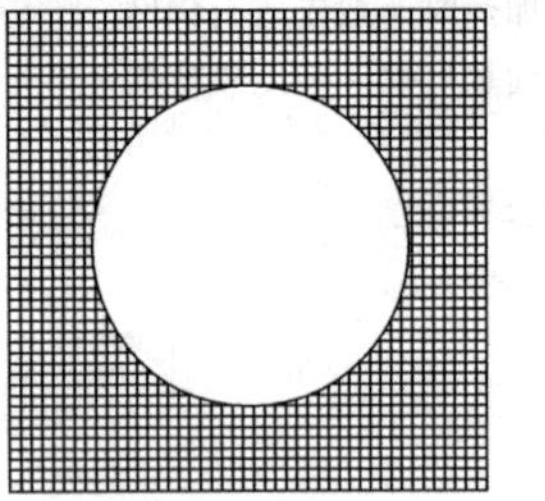 石棉网	由铁丝编成，中间涂有石棉，有大小之分	石棉是一种不良导体，能使受热物体均匀受热，不致造成局部高温	1. 用前先检查石棉是否有脱落，脱落的不能用 2. 不能与水接触 3. 不可卷折，石棉松脆，易损坏
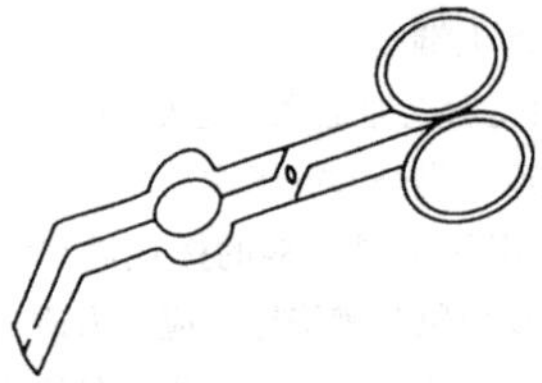 坩埚钳	一般由不锈钢或其他合金制成	1. 夹持坩埚加热或往热源(煤气灯、电炉、酒精灯)中取放坩埚；加热坩埚时，夹取坩埚或坩埚盖用 2. 金属丝在气体中燃烧实验的夹持仪器	1. 使用时必须用干净的坩埚钳 2. 用后尖端向上平放在实验台上(如温度高，则应放在石棉网上) 3. 实验完毕后，应将钳子擦干净，放入实验柜中，干燥放置
螺旋夹 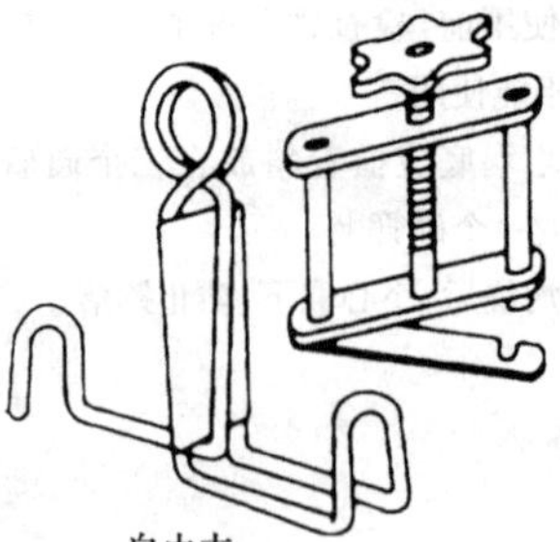 自由夹	铁制品。自由夹也有弹簧夹、止水夹或皮管夹等多种名称。螺旋夹也称节流夹	在蒸馏水储瓶、制气或其他实验装置中沟通或关闭流体的通路。螺旋夹还可控制流体的流量	一般将夹子夹在连接导管的胶管中部(关闭)，或夹在玻璃导管上(沟通)。螺旋夹还可随时夹上或取下。应注意： 1. 应使胶管夹在自由夹的中间部位 2. 在蒸馏水储瓶的装置中，夹子夹持胶管的部位应常变动，防止长期夹持造成胶管粘连 3. 实验完毕应及时拆卸装置，将夹子擦净后放入实验柜中

三、常用玻璃仪器的洗涤

实验仪器洁净是实验中的一项基本要求。仪器的洗涤应根据仪器污染物的性质，选用不同的洗涤液和方法，才能有效地洗净仪器。仪器洁净的标准是容器壁附有一层均匀水膜而不挂水珠。

1. 常用洗涤剂

实验室常用洗涤剂有肥皂、洗衣粉、清洁精、去污粉、铬酸洗液、碱性高锰酸钾洗涤液、草酸洗涤液、有机溶剂洗涤剂、特殊洗涤剂(如氨水等)。

2. 玻璃仪器的洗涤方法

若污染物为有机物和无机物的混合物，洗涤顺序一般是先洗涤有机污染物，再洗涤无机污染物。玻璃仪器洗涤应根据仪器性质、实验要求、污染物性质、污染程度选用合适的洗涤方法，洗涤的具体方法是：用洗涤剂处理后，先用自来水洗净洗涤剂，然后用蒸馏水洗涤，遵循少量多次（一般两三次）原则。

洗涤的具体方式一般分为：冲洗、刷洗和药剂洗涤。一般机械摩擦洗涤为最佳方法，无刻度仪器可以采用此法；度量仪器一般选用浸泡洗涤；高精度仪器不能刷洗。

冲洗：对一般灰尘及水溶性污染物，可采用水冲洗洗涤。其方法是往容器内注入适量水，用力振荡后把水倒掉，反复冲洗多次即可。

刷洗：器壁附有不易冲洗掉的污染物时，可采用毛刷刷洗，通过毛刷对器壁来回柔力或毛刷转动的方式摩擦去掉污染物。

药剂洗涤：一般根据污染物性质选择，利用洗涤剂成分与污染物之间的化学反应进行溶解洗涤污染物。

3. 仪器干燥方法

仪器的干燥可以采用以下方法进行。

1）晾干法

仪器洗涤干净后，倒放在无尘处，让水自然干燥。一般不急用的仪器可采用此方法干燥，此法也适于度量仪器的干燥。

2）烤干法

仪器洗涤干净后，在小火焰上直接烤干。注意烤干时容器口必须向下，以免水倒流引起容器炸裂。此法一般适于可加热或耐高温的仪器，如试管、烧杯等。

3）烘干法

仪器洗涤干净后，放在电热鼓风干燥箱中于 105 ℃温度下进行干燥。注意应将仪器置于搪瓷盘中，以免水滴入烘箱底部。

4) 热(冷)风吹干法

仪器洗涤干净后，采用热风或冷风吹干。对于急于干燥的仪器或不适合放入烘箱的较大的仪器，可利用吹干法干燥。根据实际需要有时也可以用少量乙醇润洗后再吹干，可以加快干燥速度。

5) 有机溶剂处理法

一般用乙醇或乙醇＋丙酮(1∶1)处理后，让有机溶剂自然挥发而干燥。

注意： 度量仪器不能用加热方法干燥，以免影响仪器精度。

四、实验内容

1. 仪器的认领

按照实验仪器清单，认领仪器。

2. 玻璃仪器的洗涤

清洗常用玻璃仪器。

3. 玻璃仪器的干燥

通过晾干的方式，干燥所洗仪器。

五、实验习题

(1) 在烤干玻璃仪器时，为什么仪器口要向下?

(2) 为什么度量仪器不能用加热方法干燥?

六、拓展知识

实验室几种常见洗涤液的配制方法

(1) 铬酸洗液的配制。称取 10 g 工业级 $K_2Cr_2O_7$ 于烧杯中，溶于 30 mL 水中，将 180 mL 浓 H_2SO_4 在不断搅拌下缓缓加入 $K_2Cr_2O_7$ 溶液中(切勿将水或溶液加入浓 H_2SO_4 中)，混合均匀后冷却至室温，装入玻璃瓶中备用。新配制的洗液为暗红色，氧化能力很强，可以反复使用，当洗液用久后变为绿色，即失去氧化洗涤能力。

(2) 碱性高锰酸钾洗涤液的配制。称取 4 g 高锰酸钾、10 g 氢氧化钠于烧杯中，加水溶解，稀释至 100 mL。

(3) 草酸洗涤液的配制。称取 5～10 g 草酸，溶解于 100 mL 20%的盐酸溶液中。

(执笔：阮尚全；审定：覃松)

实验二　容量器皿的校准

一、实验目的

了解玻璃器皿的洗涤方法；了解容量器皿校准的意义；掌握容量器皿校准的方法；进一步掌握天平的称量操作和有效数字的运算规则。

二、实验原理

实验室的玻璃仪器可根据用途分为两类：一类是容器类，如烧杯、烧瓶、锥形瓶等；一类是量器类，如滴定管、移液管、容量瓶等。量器玻璃仪器是用于计量液体体积的一类器皿，都具有刻度，在使用中应具有较高的准确度。但在生产和实验室中，量器的表观刻度与实际容积不一定相符合，需要进行校准。

校准的原因主要有：①不合格产品的流入；②温度的变化；③试剂腐蚀等。

若不进行容量校准就会引起分析结果的系统误差。因此，在准确性要求较高的分析工作中，使用前必须进行容量器皿的校准。

所谓校准就是在规定条件下，为确定测量仪器或测量系统所指示的量值，或实物量具或参考物质所代表的量值，与对应的由标准所复现的量值之间关系所进行的一组操作。

国际上规定玻璃器皿的标准温度为 20 ℃，即容量器皿进行校准的条件是都将玻璃器皿的容积校准到 20 ℃的实际容积。

玻璃器皿的校准根据校准方式的不同分为绝对校准和相对校准。

1. 绝对校准

绝对校准是通过测定容量器皿的实际容积来达到校准目的的，这种方式常采用衡量法（也称称量法）。这是一种经典的准确校准容量器皿的方法，但易受到分析天平最大量程的限制，适用于容积较小的器皿的校准。其原理是称量量器中所放出或所容纳水的质量，并根据该温度下水的密度，计算出该量器在 20 ℃时的容积。但是由质量换算成容积时必须考虑三个因素：①温度对水密度的影响；②空气浮力对称量水的质量的影响；③温度对玻璃容器的影响。

为了方便起见，把上述三个因素综合校准后得到的值列成表（表 2-1）。根据表中的数值，便可以计算某一温度下，一定质量的纯水相当于 20 ℃时所占的实际容积。

表 2-1　在不同温度下纯水的密度 ρ_t 和 ρ'_t(校正后)

温度/℃	ρ_t /(g/mL)	ρ'_t /(g/mL)	温度/℃	ρ_t /(g/mL)	ρ'_t /(g/mL)
5	0.99996	0.99853	18	0.99860	0.99749
6	0.99994	0.99853	19	0.99841	0.99733
7	0.99990	0.99852	20	0.99821	0.99715
8	0.99985	0.99849	21	0.99799	0.99695
9	0.99978	0.99845	22	0.99777	0.99676
10	0.99970	0.99837	23	0.99754	0.99655
11	0.99961	0.99833	24	0.99736	0.99634
12	0.99950	0.99824	25	0.99705	0.99612
13	0.99938	0.99815	26	0.99679	0.99588
14	0.99925	0.99804	27	0.99652	0.99566
15	0.99910	0.99792	28	0.99624	0.99539
16	0.99894	0.99778	29	0.99595	0.99512
17	0.99878	0.99764	30	0.99565	0.99485

注：ρ_t 是纯水在真空中的密度。实际测量中，纯水的密度受到温度、空气浮力、玻璃器皿热胀冷缩的影响，ρ'_t 是这些因素累积影响后的“校准密度”。两种密度即使是在同一温度下，数值也不会一样。

例如，在 15 ℃校准滴定管时，量取 10.00 mL 纯水，称得纯水质量为 9.970 g，查表 2-1 得 15 ℃时水的密度(已作校准) ρ'_t 为 0.99792 g/mL，它的实际容积为

$$\frac{9.970\ \text{g}}{0.9979\ \text{g/mL}} = 9.99\ \text{mL}$$

此段滴定管的校准值为

$$\Delta V = 9.99\ \text{mL} - 10.00\ \text{mL} = -0.01\ \text{mL}$$

注意：在称量水的质量时，只需要保留到毫克位。这是因为在把纯水的称量质量换算成实际体积，再减去水的刻度体积过程中，根据有效数字的运算规律，毫克位后的数值不会影响最后的结果。

同样，移液管、容量瓶的实际容积也可应用上述方法进行容积的校准。

2. 相对校准

相对校准是通过已知容积的容量器皿校准另一容量器皿容积的方法。要求两种容量器皿的体积间有一定的比例关系。常采用的方法有容量比较法。容量比较法是实验室常用的对大容量器皿的校准方法，适合配合使用的容量器皿。在实际工作中，容量瓶和移液管常需配合使用。

例如，要用 10 mL 移液管从 100 mL 容量瓶中量取 1/10 容积的溶液，则移液

管与容量瓶容积之比只要 1∶10 就行了。

三、本实验涉及的仪器

常用电子天平见图 2-1。

图 2-1　电子天平(图片提供：王福海)

按精度不同，电子天平可分为 0.01 g、0.001 g、0.0001 g 和 0.00001 g 等，最常用的是精度为 0.0001 g 的电子天平。

各类电子天平的使用和保养注意事项如下：

(1) 常温下使用。

(2) 有腐蚀性或吸湿性的物体必须放在密闭容器中称量。

(3) 同一化学实验中的所有称量，应始终使用同一台天平。

四、仪器和试剂

仪器：电子天平，50 mL 酸式滴定管，250 mL 容量瓶，25 mL 移液管，50 mL 带磨口塞锥形瓶。

五、实验内容

1. 滴定管校准(衡量法)

在酸式滴定管中注入蒸馏水，将液面调节至“0.00”刻度以下附近。把滴定管中的水放入已称量且外壁干燥的 50 mL 锥形瓶中。每放入 10 mL 左右水后，即盖紧瓶塞并称量至毫克位，直至放出 50 mL 水。

每前后两次质量之差，即为放出水的质量。最后根据在实验温度下水的密度 ρ'_t(表 2-1)，计算出相应的实际容积。求出滴定管所标示的容积和实际容积之差，求出其校正值。

思考题：实验温度是指实验时的气温还是水温？

重复校准一次（两次校正值之差应小于 0.02 mL）并求出校正值的平均值。

2. 移液管和容量瓶的校准（容量比较法）

用移液管移取 25 mL 蒸馏水至干燥后的 250 mL 容量瓶中，重复移取 10 次后，观察瓶颈处水的弯月面是否与标线正好相切，否则，应另作一记号。经过这样相对校准后的容量瓶和移液管，便可以较好地配套使用。

六、数据记录和处理

表 2-2 移液管和容量瓶的校准

水的温度： ℃

滴定管读数	水的体积/mL	瓶与水的质量/g	水的质量/g	实际容积/mL	校正值/mL	总校正值/mL

校正值＝实际容积－水的体积

总校正值＝各段校正值累加

七、实验习题

(1) 容量器皿校准的意义是什么？

(2) 滴定管每次放出的溶液是否一定是整数？

(3) 从滴定管放纯水到称量的锥形瓶内时，应注意什么？

八、拓展知识

(1) 使用中的滴定管、容量瓶的检定周期为三年。

(2) 实际实验室如需校准同体积的大容量容器采用校准比较法。校准比较法是将大容量量器与相应的已检定合格容量器皿分别放在天平上称量，调节天平，加减砝码，使天平平衡，然后将两个器皿都充水至标线，比较质量差异实现校准。这也是一种相对校准方法。

（执笔：卓莉；审定：覃松）

实验三　溶液的配制

一、实验目的

掌握溶液的一般配制方法和相关基本操作；练习移液管/吸量管、容量瓶的使用方法；掌握质量分数和物质的量浓度的关系。

二、实验原理

根据待配制溶液的用途及溶质的特性，溶液的配制方法可分为粗略配制和准确配制。采用何种配制方法通常可通过书写要求的有效数字和小数点后面的位数来区别。一般来说，粗略配制的溶液浓度保留1～2位有效数字，准确配制的溶液浓度保留4位有效数字。例如，浓度为2 mol/L的$BaCl_2$溶液粗略配制即可，浓度为0.2000 mol/L的草酸溶液则必须准确配制。

有些溶液无法确定其准确浓度，如固体NaOH易吸收空气中的CO_2和水分、浓H_2SO_4具有吸水性、浓HCl中的氯化氢很容易挥发、$KMnO_4$不易提纯等，因此这类溶液的配制只能粗略配制。欲知其准确浓度，可用相应的标准溶液进行标定（详见拓展知识）。

溶液的一般配制方法分为以下几个步骤。

1. 理论计算

根据要求计算出需要的溶质和溶剂的量。

注意： 计算结果应体现出配制要求，粗略配制时计算得出浓度的有效数字为1～2位，精确配制时浓度的结果一般保留4位有效数字。

1）由固体试剂配制溶液

（1）物质的量浓度：

$$m_{溶质} = cVM$$

式中，$m_{溶质}$为固体试剂的质量；c为物质的量浓度；V为溶液的体积；M为固体试剂的摩尔质量。

（2）质量分数：

$$m_{溶质} = \frac{x\rho_{溶剂}V_{溶剂}}{1-x}$$

式中，x为溶质的质量分数；$V_{溶剂}$为溶剂的体积。

2）由已知浓度的溶液稀释

（1）已知物质的量浓度：

$$V_0 = \frac{cV}{c_0}$$

式中，c 为稀释后溶液的物质的量浓度；V 为稀释后溶液的体积；c_0 为原溶液的物质的量浓度；V_0 为原溶液的体积。

（2）已知质量分数：

$$c_0 = \frac{\rho x}{M} \times 1000 \quad V_0 = \frac{cV}{c_0}$$

式中，M 为溶质的摩尔质量；ρ 为液体试剂（或浓溶液）的密度。

2. 仪器的选择

粗略配制与准确配制应选用不同精度的仪器，见表 3-1。

表 3-1　配制溶液常用的仪器

仪器	配制方法	
	粗略配制	准确配制
称量仪器	台秤	电子天平
容量仪器	量筒、量杯、有刻度的烧杯等	移液管/吸量管、滴定管、容量瓶等

注意：移液管和容量瓶的有效数字视运算时的具体情况而定。

3. 溶质的溶解

根据溶质的存在状态及物理化学性质不同，采用的具体操作略有不同。

1）直接水溶法

对易溶于水且不发生水解的固体试剂，如 $NaCl$、KNO_3、$CuSO_4$ 等，利用直接水溶法。

2）介质水溶法

对易水解的固体试剂（如 $FeCl_3$、$SbCl_5$、$BiCl_3$ 等），配制其溶液时，称取一定量的固体，加入适量一定浓度的酸（或碱）使之溶解，再以蒸馏水稀释。

在水中溶解度较小的固体试剂，选用合适的溶剂溶解。例如，固体 I_2 可先用 KI 水溶液溶解。

3）稀释法

由液态试剂配制溶液如前述内容，配制如 HCl、H_2SO_4、HNO_3、HAc 等的稀溶液时，先用量筒量取所需量的浓溶液，然后用适量的蒸馏水稀释。

4）特殊溶液的配制

针对某些具有特殊性质的溶质，选择不同的配制方法。

配制 H_2SO_4 溶液时，需特别注意，应在不断搅拌下将浓 H_2SO_4 缓慢地注入盛水的容器中，切不可将操作顺序倒过来。

4. 配制过程

1）固体配制溶液

称量，溶解，定容，转移至试剂瓶。准确配制时采用同样操作。

2）溶液配制溶液

量取浓溶液，稀释，定容，转移至试剂瓶。准确配制时采用同样操作。

一些容易见光分解或易发生氧化还原反应的溶液，要防止在保存期间失效。例如，Sn^{2+} 及 Fe^{2+} 溶液应分别放入一些 Sn 粒和 Fe 屑。$AgNO_3$、$KMnO_4$、KI 等溶液应储于干净的棕色瓶中。容易发生化学腐蚀的溶液应储于合适的容器中。

思考题： 配制有明显热效应的溶液(如氢氧化钠固体溶于水放热，浓硫酸稀释放出大量热，硝酸铵固体溶于水吸热)时，应注意哪些问题？配制溶液时，若溶质本身的性质不稳定，能否配制出准确浓度的溶液？仪器应如何选择？如不能，欲知其准确浓度应如何操作？

三、本实验涉及的仪器及基本操作

1. 移液管和吸量管

1）移液管

常用的移液管有 5 mL、10 mL、25 mL 和 50 mL 等规格。

2）吸量管

具有刻度的直形玻璃管称为吸量管。常用的吸量管有 1 mL、2 mL、5 mL 和 10 mL 等规格。

移液管的使用方法见图 3-1(吸量管的使用同移液管)，所移取的体积通常可准确量至 0.01 mL。

注意事项： ①移液管和吸量管应在常温下使用，若准确使用，需进行校准(参见实验二)；②同一实验中应尽可能使用同一支移液管或吸量管；③转移液体时，溶液应自由地顺壁流下，待液体停止流出后，不能将管口残余液体吹出；④使用前需用待用溶液润洗。

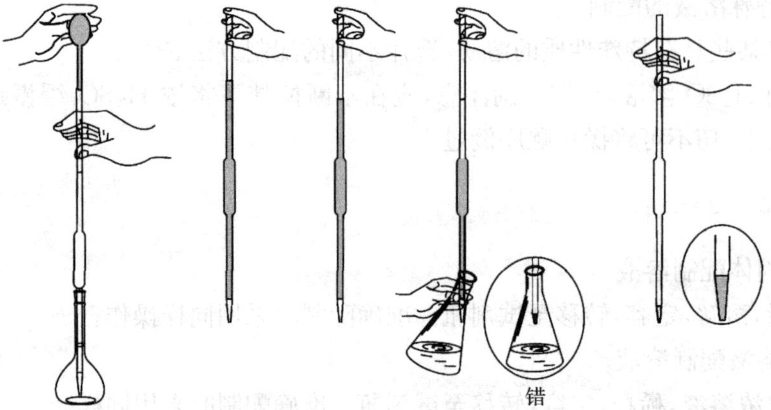

图 3-1 移液管的使用方法

2. 容量瓶

容量瓶通常有 5 mL、10 mL、25 mL、50 mL、100 mL 和 250 mL 等规格。使用方法见图 3-2。

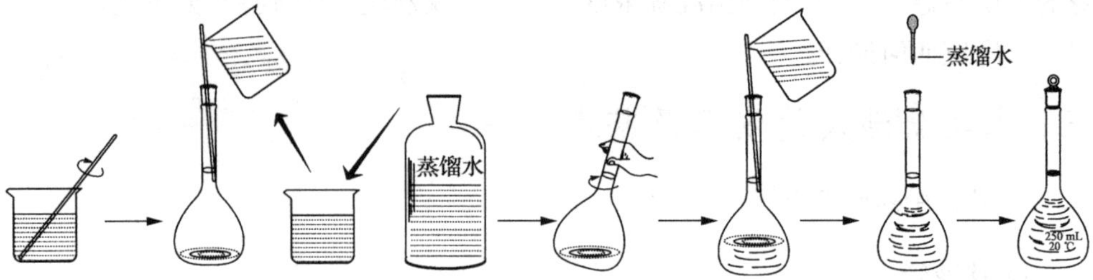

图 3-2 容量瓶的使用

注意事项：①常温下使用，不能加热；②使用前必须检漏；③若准确使用，须进行校准，参见实验二。

3. 试剂瓶

规格及分类：根据瓶颈大小，可分为广口瓶和细口瓶；根据瓶口特点可分为磨口瓶、无磨口瓶等。

注意事项：①广口瓶用于盛固体试剂，细口瓶盛液体试剂；②棕色瓶用于保存避光的试剂，磨口瓶能防止试剂吸潮和浓度变化；③试剂瓶的瓶体不及普通玻璃仪器耐热，故不能受热使用。

瓶口带有磨口滴管的为滴瓶，见图 3-3。

注意事项：①使用滴管时，应先赶出滴管中的空气，再将滴管伸入试剂瓶中；②取液后的滴管应保持橡胶头在上方，不要平放或倒置，防止溶液倒流腐蚀橡胶头；③滴加液体时，应将滴管悬垂于承接容器上方，不能接触承接容器内壁，也不要把滴管放在试验台或其他地方，以免沾污滴管，或造成试剂的污染；④通常滴管使用后要立即冲洗，以备再用，但专用滴管不能清洗(滴瓶上的滴管不要用水冲洗)。

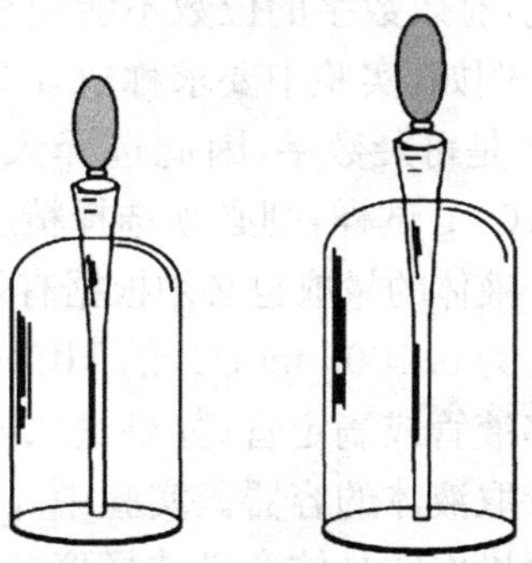

图 3-3　滴瓶

四、实验仪器和试剂

仪器：台秤、电子天平、烧杯、量筒、玻璃棒、移液管/吸量管、容量瓶、试剂瓶。

试剂：$CuSO_4 \cdot 5H_2O$(分析纯)、浓 H_2SO_4(质量分数为 98%，密度 1.84 g/mL)、HAc(0.2000 mol/L)、$H_2C_2O_4 \cdot 2H_2O$(分析纯)。

五、实验内容

(1) 由硫酸铜晶体配制 50 mL 0.1 mol/L 的硫酸铜溶液。

(2) 由 98%的浓硫酸配制 50 mL 1 mol/L 的硫酸溶液。

(3) 由 2.000 mol/L 乙酸配制 250 mL 0.2000 mol/L 的乙酸溶液。

(4) 由草酸晶体配制 100 mL 0.1000 mol/L(左右)的草酸溶液。

六、实验习题

(1) 用烧杯配制一般溶液时，能否使用容量瓶定容？为什么？用容量瓶配制标准溶液时，能否使用台秤称取基准试剂？原因何在？(相关概念见实验十二扩展知识)

(2) 分析溶液配制过程中可能带来误差的操作有哪些。

七、拓展知识

有效数字及其应用

1. 有效数字的概念

有效数字是实验中实际测得的数字，包括全部的准确数字和一位可疑数字，因此有效数字反映了所用仪器的准确程度。实验中由于使用的仪器具有的精度不同，得到的有效数字位数也不同；反过来，有效数字也体现了仪器的精密程度。要根据实验表述中有效数字的位数，选择精度适当的仪器，以满足实验误差的要求。

因此，有效数字的位数不能随意增加或减少。

例如，实验中要求称取 3.2 g 试样，根据有效数字的意义，3.2 中 3 是准确数字，2 是可疑数字，因此选择天平时，应选择最小刻度为 1 g 的台秤；如果要称取 3.2100 g 试样，则必须选择精度为 0.0001 g 的电光分析天平或电子天平。

液体的量取也必须根据有效数字表述准确选用玻璃器皿。例如，量取 10.00 mL 浓度为 0.1000 mol/L 的 HCl 标准溶液，显然应选择准确刻度为 0.1 mL 的器皿，即移液管或滴定管；如果量取体积为 10 mL 的 1∶1 HCl，则可选择量杯、量筒等粗略量取液体的容器。实验中，除了根据有效数字的位数选择仪器外，有时还要根据实验操作的具体意义选择仪器，如实验表述中“量取 10 mL 浓度为 0.1000 mol/L 的 HCl 标准溶液”，如果仅从“10 mL”本身看，不需要准确量取，但因为量取的是标准溶液，如果体积不准确，即使浓度再准确，物质的量也不准确，因此 10 mL 应该准确量取。

2. 有效数字运算规则

在进行加减运算时，有效数字取舍以小数点后位数最少的数值（绝对误差最大）为准。例如

$$0.0231+24.57+1.16832=0.02+24.57+1.17=25.76$$

在乘除运算中，应以有效数字最少的为准（相对误差最大）。例如

$$0.0231\times24.57\times1.16832=0.0231\times24.6\times1.17=0.665$$

在对数运算中，所取对数的位数应与真数的有效数字位数相同。例如，lg9.6 的真数有两位有效数字，则对数应为 0.98，不应该是 0.982 或 0.9823。又如，$[H^+]$为 3.0×10^{-2} mol/L 时，pH 应为 1.52。

正确运用有效数字规则进行运算，不仅能够反映出计算结果的可信程度，而且能大大简化计算过程。

（执笔：苏布道；审定：覃松）

实验四　硫酸亚铁铵的制备

一、实验目的

了解复盐的特性，学习复盐硫酸亚铁铵的制备方法；掌握无机制备实验的基本操作：水浴加热、溶解、过滤、蒸发和结晶等。

二、实验原理

1. 相关知识

复盐又称重盐，是由两种或两种以上的简单盐类组成的同晶型化合物。例如，明矾 $KAl(SO_4)_2 \cdot 12H_2O$，莫尔盐 $(NH_4)_2Fe(SO_4)_2 \cdot 6H_2O$，铁钾矾 $KFe(SO_4)_2 \cdot 12H_2O$。但是，偏铝酸钠（$NaAlO_2$）这种类型的物质不是复盐，因为不能电离出 Al^{3+}。

能够形成复盐的离子必须大小相近、具备相同的晶格。一般来说，体积较大的一价阳离子（如 K^+、NH_4^+）和半径较小的二、三价阳离子（如 Fe^{2+}、Fe^{3+}、Al^{3+} 等）易形成复盐。

复盐具备如下特点：

(1) 复盐溶于水时，电离出的离子和其组成盐电离出的离子相同。因此，复盐溶液的性质与其组成盐的混合溶液没有区别。

(2) 复盐比各组成盐都稳定。

(3) 复盐的溶解度比其组成盐小，见表 4-1。

表 4-1　硫酸亚铁、硫酸铵、硫酸亚铁铵在水中的溶解度（g/100 g H_2O）

物质（相对分子质量）	t/℃			
	10	20	30	70
$FeSO_4$(151.9)	20.5	26.6	33.2	56.0
$(NH_4)_2SO_4$(132.1)	73.0	75.4	78.1	91.9
$(NH_4)_2SO_4 \cdot FeSO_4 \cdot 6H_2O$ (392.1)	18.1	21.2	24.5	38.5

两种简单盐的混合饱和溶液结晶，即可以制得复盐。因此，在 $FeSO_4$ 和 $(NH_4)_2SO_4$ 的浓混合溶液中可析出比较纯净的莫尔盐晶体。

2. 硫酸亚铁铵的性质

硫酸亚铁铵的分子式为$(NH_4)_2Fe(SO_4)_2 \cdot 6H_2O$，是一种蓝绿色的无机复盐，俗名为莫尔盐，来源于德国化学家莫尔(K. F. Mohr)。实验室中常用来代替硫酸亚铁，以配制亚铁离子的溶液。原因在于硫酸亚铁铵(100～110 ℃时分解)比硫酸亚铁稳定，在空气中不易被氧化。

从化学平衡的角度看，硫酸亚铁晶体放置易被氧化：

$$4FeSO_4 \cdot 7H_2O + O_2 = 2Fe_2O_3 + 8H^+ + 4SO_4^{2-} + 24H_2O$$

形成莫尔盐后，铵根离子显酸性，使上述化学平衡向左移动，抑制硫酸亚铁氧化。

从分子结构的角度看，在$H_4N—O—(SO_2)—O—Fe—O—(SO_2)—O—NH_4$的分子结构中，氮原子具有较强的电负性，铁原子的外层电子更多地被相邻氧原子吸引，而被空气中氧原子吸引的机会减少，宏观上表现为硫酸亚铁铵比硫酸亚铁更稳定，不容易被氧化。

3. 制备方法

1) 制备反应

本实验采用铁屑与稀硫酸作用生成硫酸亚铁溶液：

$$Fe + H_2SO_4 = FeSO_4 + H_2(g)$$

然后在硫酸亚铁溶液中加入硫酸铵并使其完全溶解，经蒸发浓缩，冷却结晶，得到$(NH_4)_2Fe(SO_4)_2 \cdot 6H_2O$晶体：

$$FeSO_4 + (NH_4)_2SO_4 + 6H_2O = (NH_4)_2Fe(SO_4)_2 \cdot 6H_2O$$

2) 条件控制

(1) 制备硫酸亚铁的条件控制。

a. 水量控制。水量较少的情况：一是过滤时硫酸亚铁晶体将析出，与还未反应的铁屑混杂，造成原料的损失；二是将导致产物不纯，生成黄色溶液，或者硫酸亚铁沉淀与未反应的铁粉形成块状黑色物质。

$$2Fe + 6H_2SO_4(较浓) = Fe_2(SO_4)_3 + 6H_2O + 3SO_2$$

水量过多的情况：将使反应速率降低。

综上所述，由于反应是在加热条件下进行的，水分在不断减少，所以应补充水分。考虑到后期要进行蒸发浓缩操作，保持适量原水体积即可。

b. 温度控制。硫酸亚铁结晶水的多少与温度的关系见图 4-1。

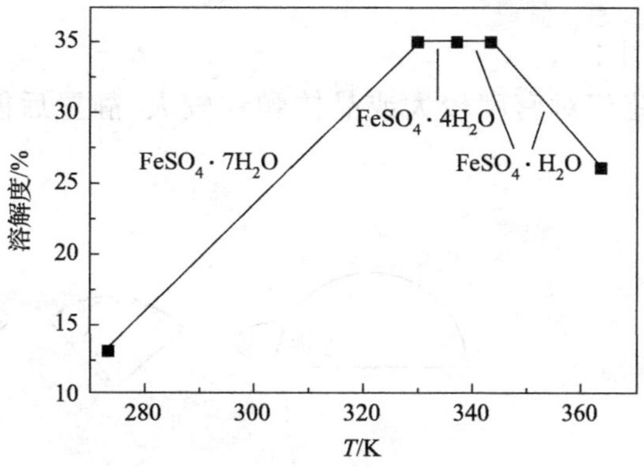

图 4-1　硫酸亚铁各含水盐的溶解度曲线

由图 4-1 可知：当温度高于 336 K 时，浅绿色的 $FeSO_4 \cdot 7H_2O$ 将失去结晶水，转化成溶解度较小的白色 $FeSO_4 \cdot H_2O$ 而析出晶体。温度太低，则反应速率太慢。一般温度控制在 50～60℃；温度降低，$FeSO_4 \cdot 7H_2O$ 会因溶解度降低而析出，过滤时将与未反应的铁屑一起除去而造成损失，因此减压过滤 $FeSO_4 \cdot 7H_2O$ 要趁热。

c. 酸度控制。酸度偏低可能会导致溶液显黄褐色或生成黄褐色胶状物质：

$$4Fe^{2+} + 4H^+ + O_2 = 4Fe^{3+} + 2H_2O$$

$$Fe^{3+} + H_2O = Fe(OH)^{2+}(\text{黄褐色}) + H^+$$

此时应适当补充硫酸，以增加酸度。

d. 时间控制。硫酸亚铁制备过程中，若反应时间过长，易生成黄褐色胶状物质，导致终产物带有黄色。

e. 反应试剂的用量控制。硫酸亚铁制备中，无论控制酸过量还是铁过量，均能得到硫酸亚铁，但其质量和纯度将受影响。若铁过量，可防止 $FeSO_4$ 被氧化；控制溶液的 $pH<1$，可抑制 $FeSO_4$ 水解。一般来说，铁稍过量时，产品质量较好，未反应的铁也可循环反应。

(2) 制备硫酸亚铁铵的条件控制。

终点控制：蒸发浓缩初期要不停搅拌，一旦出现晶膜立即停止搅拌，等待晶体析出。

三、本实验涉及的基本操作及仪器

1. 固液分离

固液分离的常见方法有倾析法、过滤法、离心分离法。

1）倾析法

倾析法操作见图 4-2。

适用范围：沉淀相对密度较大或晶体颗粒较大，静置后能很快沉降至容器底部。

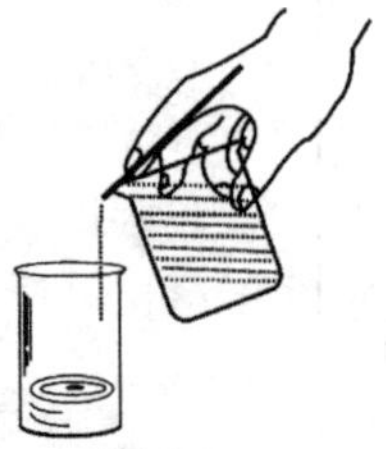

图 4-2 倾析法操作

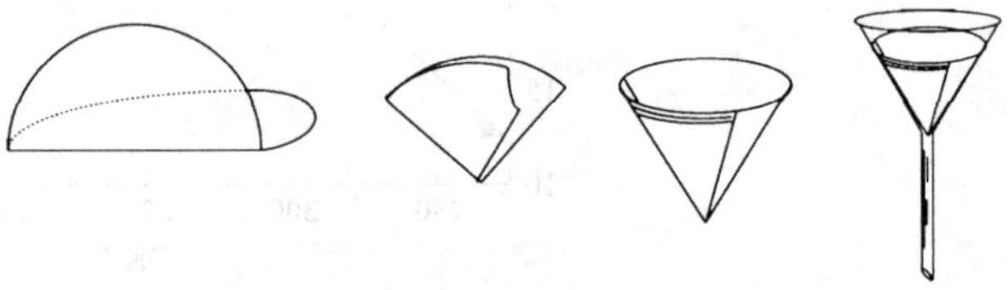

图 4-3 滤纸的折叠

2）过滤法

(1) 滤纸。

滤纸的分类：按孔隙大小分快速、中速、慢速；按直径大小分 7 cm、9 cm、11 cm。

滤纸的选择：胶状沉淀选快速，粗晶形沉淀选中速，细晶形沉淀选慢速。依沉淀量选择滤纸大小，要求沉淀总体积不超过滤纸锥体高度的 1/3，滤纸大小还应与漏斗大小相适应，要求滤纸上沿低于漏斗约 1 cm。

滤纸的折叠操作见图 4-3。

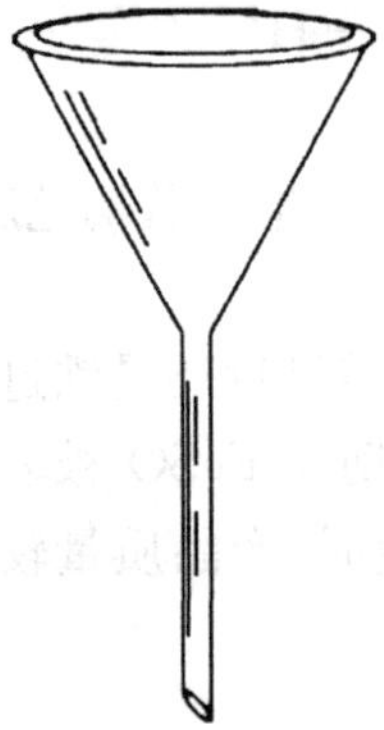

图 4-4 普通漏斗

(2) 漏斗。普通漏斗见图 4-4。

普通漏斗的分类：长颈和短颈；斗径 30 mm、40 mm、60 mm、100 mm、120 mm。

普通漏斗的选择：热过滤选择短颈，重量分析选择长颈。依过滤溶液的体积选择适宜斗径。

(3) 过滤。一般过滤操作见图 4-5。

过滤中沉淀的转移：沉淀静置后，先转移清液，注意此时清液不要充满滤纸的 2/3 处，以免沉淀因毛细作用越过滤纸上沿而损失。剩余少量滤液与沉淀搅起，将悬浮液转移至漏斗上。残留沉淀的转移见图 4-6。

减压过滤：在收集滤液的玻璃瓶中造成负压以加快过滤速度的过滤方法。

减压过滤的仪器：布氏漏斗（平底漏斗）、抽滤瓶（吸滤瓶）和真空泵。

布氏漏斗有相对应的滤纸。

减压过滤装置见图 4-7。

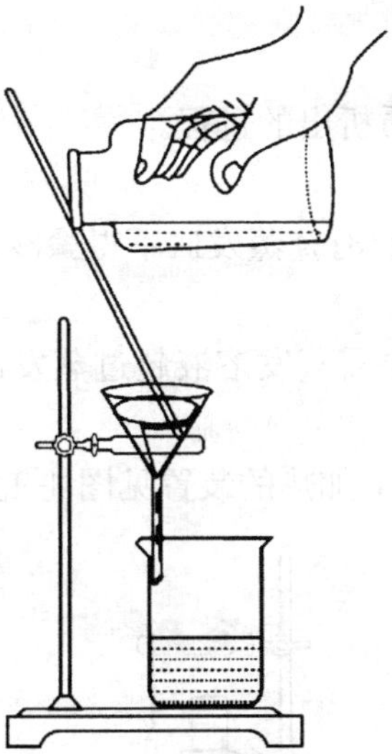

图 4-5　过滤操作

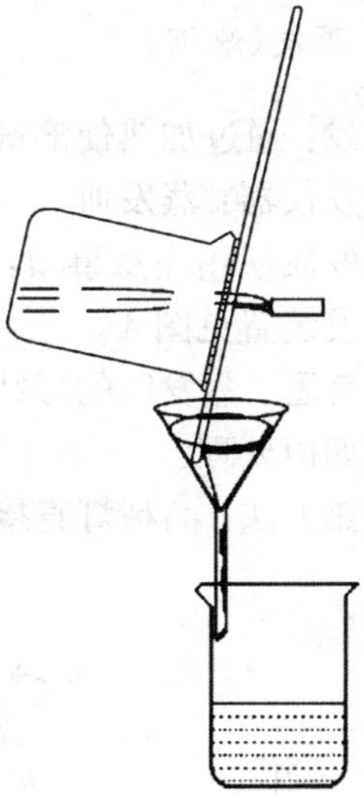

图 4-6　残留沉淀的转移

减压过滤注意事项：先拔掉抽气橡胶管，再关闭真空泵。

思考题：为什么要先拔掉抽气橡胶管，再关闭真空泵？

(4) 沉淀的洗涤。如果过滤后需要的是沉淀，则需对沉淀进行洗涤。

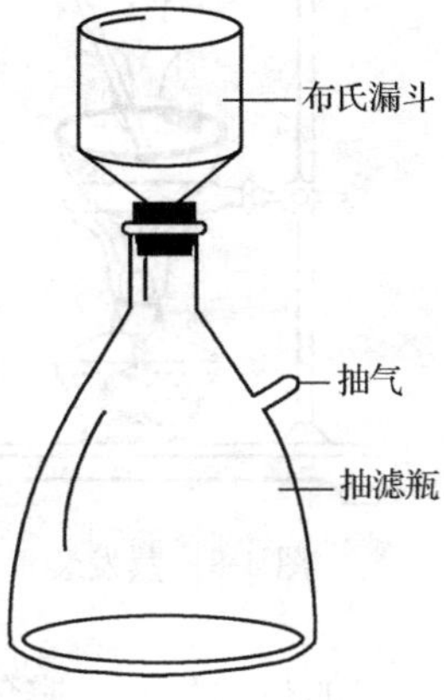

图 4-7　减压过滤装置

洗涤液的选择：若以水为溶剂，沉淀溶解度很小时，因洗涤造成的溶解损失可忽略，可选择水作洗涤液；沉淀溶解度不是很小时，因洗涤造成的溶解损失不能忽略，则可选择沉淀剂或有机溶剂(如乙醇)作洗涤液。

沉淀的洗涤操作：用滴管滴加洗涤液在沉淀表面，重复操作两三次。

思考题：选择沉淀剂或有机溶剂洗涤沉淀的理论依据是什么？

3) 离心分离法

使用离心机进行离心分离。

离心机使用注意事项：使用专用离心试管；离心试管在离心机中对称放置；缓慢开启至适宜转速；离心 3～5 min 后停止，待离心机停止旋转后再取放试管。

2. 蒸发(浓缩)

蒸发：通过加热使溶剂(通常是水)蒸发以使溶质析出的过程。

蒸发仪器：蒸发皿。

蒸发皿使用注意事项：液体不得超过其容量的 2/3；瓷蒸发皿不得骤冷。

蒸发装置见图 4-8。

思考题：蒸发皿的形状有何特点？为什么？如果需蒸发溶液超过蒸发皿容量 2/3，该如何处理？

加热方法：酒精灯直接加热、水浴加热。其中水浴加热的装置见图 4-9。

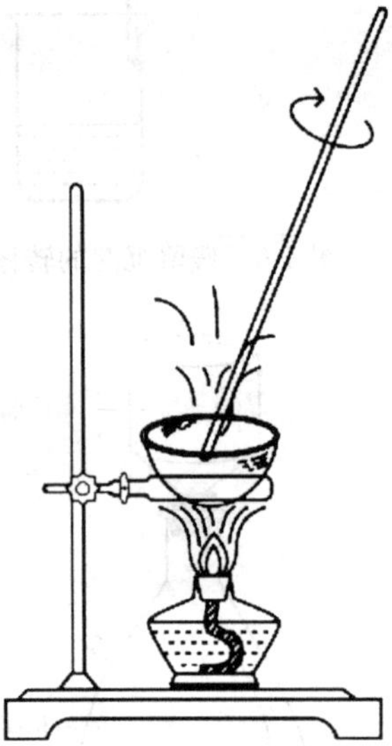

图 4-8　蒸发装置

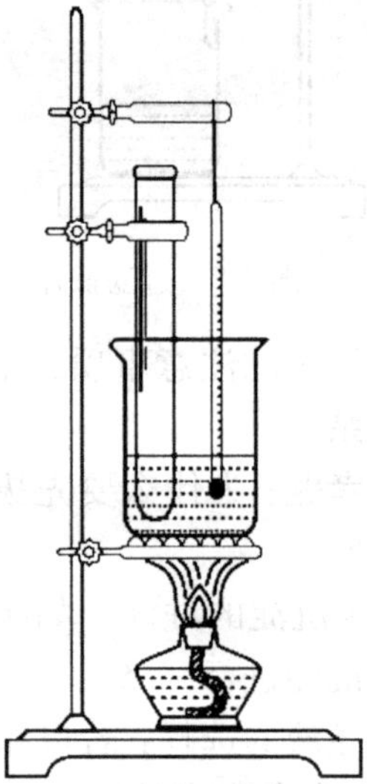

图 4-9　水浴加热

水浴加热的优点：避免直接加热造成的过度剧烈反应；加热平稳；温度可控。

蒸发程度的控制：如果溶质的溶解度随温度变化较小，则蒸发至溶液表面出现晶膜为止；如果溶质的溶解度随温度变化较大，且室温时溶解度较小，则不必蒸发至液面出现晶膜即可冷却。

四、实验仪器和试剂

仪器：台秤、烧杯、锥形瓶、量筒、布氏漏斗、抽滤瓶、真空泵、三角架、石棉网、蒸发皿、酒精灯。

试剂：铁屑、硫酸铵(s)、碳酸钠溶液(1 mol/L)、硫酸(3 mol/L)、盐酸(2 mol/L)。

材料：滤纸。

五、实验步骤

1. 铁屑的净化

称取 2 g 铁屑置于 150 mL 锥形瓶中，加入 20 mL 1 mol/L Na_2CO_3 溶液，小火加热 5～10 min，除去铁屑表面的油污。用倾析法除去碱液，再用水洗净铁屑至中性。

思考题：洗去油污的铁屑为何要用水洗至中性？

2. 硫酸亚铁的制备

在盛有洗净铁屑的锥形瓶中加入 10 mL 3 mol/L H_2SO_4 溶液，在通风橱（铁屑中有杂质 As、P、S 等，与稀硫酸反应后生成 AsH_3、PH_3、H_2S 等）中进行水浴加热，直至不再有大量气泡放出，铁屑基本沉于瓶底为止。

思考题：铁与硫酸反应制备硫酸亚铁时，为什么要采用水浴加热？

注意：温度控制在 70～75 ℃，并补充蒸发掉的水分以保持原体积。

趁热过滤，用少量热水洗涤滤渣，将滤液转移至蒸发皿中。

3. 硫酸亚铁铵的制备

计算所需固体$(NH_4)_2SO_4$的质量，加至 $FeSO_4$溶液中。

思考题：如何确定所需的硫酸铵用量？

水浴加热、搅拌，至固体$(NH_4)_2SO_4$全部溶解（若不能溶解，可适当补充水），检验溶液酸度，并用 H_2SO_4 调节 pH 为 1～2。

思考题：为什么要使溶液保持在一定的酸度？

蒸发浓缩，至表面出现晶膜时立即停止搅拌。取下蒸发皿，冷却至室温，即可得到硫酸亚铁铵结晶。减压过滤，用少量无水乙醇洗涤晶体表面两三次，并将结晶转移至表面皿上，晾干。观察晶体的颜色、性状，并记录。称量，计算产率。

思考题：硫酸亚铁铵晶体为什么要用无水乙醇洗涤？还可以选择哪些洗涤剂？

六、实验习题

(1) 根据硫酸和铁发生反应的化学计量关系式，说明实验中应控制哪一种反应物过量。原因何在？

(2) 如何计算 $FeSO_4$的理论产量？

(3) 本实验涉及哪些基本操作？操作方法和注意事项如何？

七、拓展知识

卡尔·弗雷德里契·莫尔(1806～1879)

卡尔·弗雷德里契·莫尔(Karl Friedrich Mohr)于1808年11月4日出生于德国的科布伦茨。受身为药剂师的父亲影响,莫尔就读了药学系。先后在波恩、海德尔贝格、柏林三所大学读书,并获得博士学位。毕业后,莫尔回到科布伦茨继承父业。他用业余时间从事各方面的科学试验,最初研究物理学,在1837年发表了第一篇论文《关于热的性质的看法》。

1847年,莫尔独立进行了《普鲁士药典》的修订工作。接着又编写了一部《药学手册》,这部书受到国内外的重视,曾经两次被译成英文。后来,莫尔的兴趣又转到容量分析方面,并发表了相关论文。1855年编写的《化学分析滴定法教程》经多次重版,直到1914年还经人修订出版了最后一个版本。

在分析化学领域,莫尔确立了测定铁和氯化物的定量分析法"莫尔法"。测定比重的莫尔天平、莫尔节流夹滴定管及软木塞打孔器等实验仪器都是莫尔发明和改进的。当时,看到软木塞钻孔器被加工成大小八件,成为一套很有用的工具,莫尔的老师、德国著名的化学家李比希称赞说:"这虽然是一套很简单的仪器,但是在实验室里却成了重要的设备。"目前这种钻孔器仍在使用。由于李比希的名声很大,所以后人往往把莫尔的某些发明当作李比希的发明。例如,现在常用的冷凝器,被称为李比希冷凝器,实际上是莫尔首创的。《分析化学滴定法讲义》(1855)是其获得高度评价的一部著作,其他著作还有《化学亲和力和新化学的力学理论》(1868)、《物理和化学的动力学基础概论》(1874)等。

莫尔从事药剂师的事业是不大成功的,在1863年,当他五十九岁时,他的药房倒闭了,因而失业。他不得已在六十岁时到波恩大学当了一名讲师,最后也只做到助理教授,不久就退休了。莫尔晚年的生活比较贫困,他于1879年9月28日在波恩去世时,几乎没有引起化学界的注意。

实际上,莫尔的研究范围非常广,如气象学、力学、毒物学和地质学等,甚至对于养蜂的方法都发表过论文。他在分析化学研究方面的贡献是很突出的,所以人们一般称他为分析化学家。

德国有一种传统的习惯,凡是没有担任正教授及以上职称的人,往往不被称为科学家。尽管莫尔贡献很大,他却没有担任到正教授,所以,在当时的德国并未给他应有的地位。

(执笔:苏布道;审定:覃松)

实验五　过氧化钙的制备

一、实验目的

了解过氧化物的性质及应用，学习过氧化钙的合成方法；练习无机化合物制备的一些操作。

二、实验原理

1. 性状

过氧化钙(CaO_2)常温下为白色或微黄色粉末，摩尔质量 72.08 g/mol，相对密度 2.92，无臭无味，易溶于酸，难溶于水，不溶于乙醇、乙醚、丙酮等有机溶剂。其活性氧含量为 22.2%，在室温下比较稳定，加热至 300 ℃时则分解为 CaO 和 O_2：

$$2CaO_2 \xlongequal{\triangle} 2CaO + O_2\uparrow$$

在潮湿空气中也能够分解：

$$CaO_2 + 2H_2O = Ca(OH)_2 + H_2O_2$$

与稀酸反应生成盐和 H_2O_2：

$$CaO_2 + 2H^+ = Ca^{2+} + H_2O_2$$

在 CO_2 作用下，会逐渐变为碳酸盐，并放出氧气：

$$2CaO_2 + 2CO_2 = 2CaCO_3 + O_2\uparrow$$

因此，在过氧化钙的储存过程中一定要避免以上几种情况。

2. 原理

$CaCl_2$ 在碱性条件下与 H_2O_2 反应[或 $Ca(OH)_2$、NH_4Cl 溶液与 H_2O_2 反应]得到 $CaO_2\cdot 8H_2O$ 沉淀，反应方程式如下：

$$CaCl_2 + H_2O_2 + 2NH_3\cdot H_2O + 6H_2O = CaO_2\cdot 8H_2O + 2NH_4Cl$$

副反应有

$$2H_2O_2 = 2H_2O + O_2\uparrow$$

$$2CaO_2 + 2H_2O = 2Ca(OH)_2 + O_2\uparrow$$

由于温度越高越有利于副反应发生，因此本实验的反应温度一般在 10 ℃以下。

3. 实验室获得低温的方法

1）冰盐混合体系

利用稀溶液的依数性，通过盐和冰不同比例混合物获得不同的低温。实验室常用的冰盐低温的获得方法见表 5-1。

表 5-1 实验室中常见的冰盐制冷剂

盐	盐冰比	温度/℃	盐	盐冰比	温度/℃
$CaCl_2 \cdot 6H_2O$	41/100	−9.0	$NaNO_3$	59/100	−18.5
$CaCl_2$	80/100	−11.0	$(NH_4)_2SO_4$	62/100	−19.0
$Na_2S_2O_3 \cdot 6H_2O$	67.5/100	−11.0	NaCl	33/100	−21.2
KCl	30/100	−11.0	$CaCl_2 \cdot 6H_2O$	82/100	−21.5
NH_4Cl	25/100	−15.8	$CaCl_2 \cdot 6H_2O$	125/100	−40.3
NH_4NO_3	60/100	−17.3	$CaCl_2 \cdot 6H_2O$	143/100	−55.0

2）固态二氧化碳

利用固态的二氧化碳或者它与一些有机溶液的混合物来获得低温。例如，固态的二氧化碳（干冰）：−78.9 ℃；固态的二氧化碳＋乙醇：−72 ℃；固态的二氧化碳＋乙醚、氯仿或丙酮：−77 ℃。

3）液态氮

实验室常用液态氮来获得低温，其沸点−196 ℃，如果配合适当的调节控制系统可调节至−40～−196 ℃任意一个温度。

三、实验仪器和试剂

仪器：循环水真空泵、烧杯、布氏漏斗、量筒、分析天平、点滴板、烘箱。

试剂：无水 $CaCl_2$、H_2O_2（30%）、$KMnO_4$ 溶液（0.02 mol/L）、$NH_3 \cdot H_2O$（2 mol/L）、HCl（2 mol/L）、冰块、H_2SO_4（2 mol/L）。

四、实验步骤

1. 过氧化钙的制备

称取 $CaCl_2$ 1.11 g（或 2.22 g $CaCl_2 \cdot 6H_2O$）于小烧杯中，用 1.5 mL 蒸馏水溶解；用冰水将 $CaCl_2$ 溶液和 5 mL 30%的 H_2O_2 溶液冷却至 0 ℃左右，然后混合摇匀，边冷却边搅拌，逐滴加入 10 mL 2 mol/L $NH_3 \cdot H_2O$ 溶液，然后静置冷却。

抽滤后用少量冰水洗涤晶体两三次，抽干后置于烘箱，在 160 ℃下烘 20 min，转入干燥器中冷却后称量，计算产率。

注意：反应温度以 0～8 ℃为宜，若低于 0 ℃，液体易冻结，使反应困难；抽滤出的晶体是 $CaO_2 \cdot 8H_2O$，再在 160 ℃下烘 20 min，得无水 CaO_2。

2. 回收副产品

将滤液用 2 mol/L HCl 溶液调至 pH 为 3～4，然后放在蒸发皿中，小火加热浓缩，可得副产品 NH_4Cl。

3. 过氧化钙的检验

在点滴板上滴加 1 滴 0.02 mol/L $KMnO_4$ 溶液，加 1 滴 2 mol/L H_2SO_4 酸化，然后加少量 CaO_2 粉末，用玻璃棒搅匀，若有气泡逸出且 $KMnO_4$ 褪色，证明有 CaO_2 存在。

五、实验习题

(1) CaO_2 如何储存？为什么？

(2) 计算本实验理论上可得 NH_4Cl 晶体的质量。

(3) 制备过氧化钙时为什么要用过氧化氢-氨水而不用过氧化氢-氢氧化钠？

六、拓展知识

过氧化钙的用途

过氧化钙是一种应用广泛的多功能无机过氧化物，本身无毒，不污染环境，广泛用于农业、水产、食品和环保，用作杀菌剂、防腐剂、发酵剂、解酸剂、漂白剂和废水的处理剂，在食品、牙膏、化妆品等生产中作为添加剂。农业上用作种子及谷物的无毒消毒剂，还可用于水果保鲜、水稻直播及纸浆、纺织品的漂白等。过氧化钙最主要的用途是在水产养殖业中用作水体增氧、杀菌剂。定期加入适量的过氧化钙可快速有效地增加水塘中的氧含量，提高水质清新度，维持鱼虾的正常成活、生长，并有杀菌、减少病害的作用。在鲜活鱼虾的运输过程中，加入适量的过氧化钙，也可避免鱼虾因缺氧而死亡。我国《食品添加剂使用卫生标准》(GB 2760—2007)规定：过氧化钙可以用于面粉，最大用量 0.5 g/kg。随着应用科学技术的不断发展，过氧化钙的用途日益广泛。

1. 水产养殖业中的应用

过氧化钙在水产养殖中有重要的应用，不仅可以增加水中的溶氧量，防止水质恶化，消除厌氧菌繁殖，破坏对水栖动物有害的 H_2S，而且对水产类缺氧急救、运输、预防浮头具有极其明显的效果，还可治理浮游生物迅速繁殖所引起的赤潮。例如，在 1.5 m 深的鱼池内每亩①投放 20～30 kg CaO_2，就相当于更换一池新水。当鱼池出现浮头现象时，可于每亩每米深的水中均匀地加入 4 kg CaO_2；若已出现严重翻池，则用量适当增加。再如，浮游生物是鱼虾类的营养源，但夏季易形成赤潮而造成鱼类大量死亡，若在 1 L 赤潮中加入 50～250 mg CaO_2，则赤潮在数小时至一昼夜内即消失。由此可见过氧化钙还可治理浮游生物迅速繁殖所引起的赤潮。

过氧化钙作为释氧剂，在有限的水域内能提高饲养密度，增加单位产量，避免因养殖水体缺氧而导致的水产动物浮头或泛池，特别是在水产动物的越冬期。活鱼运输过程中使用过氧化钙，有同样的增氧效果。将过氧化钙膨润土混合物应用于对虾育苗生产中时，能增加水体中的溶解氧含量，促使对虾脱皮，增加幼虾的活力。过氧化钙在水体中逐渐释氧后，转化为氢氧化钙，氢氧化钙能与水体中的二氧化碳反应生成碳酸钙，从而调节水体的 pH。

2. 果蔬保鲜

过氧化钙用于水果、蔬菜保鲜，安全可靠，且效果显著。由于水果在自然存放过程中释放出的二氧化碳和乙烯气体会造成水果软化乃至腐烂，给储存和长途运输带来了很大的难题。如果在储运过程中将果品装入塑料袋并加入适量过氧化钙，由于过氧化钙释放氧气，改善果品周围的气体成分，氧化乙烯气体，进而起到保鲜作用，保鲜期一般可延长近两个月，自然损失率大大降低，而且操作起来非常方便。

例如，将 1 g 过氧化钙用纸包好后放入塑料食品袋内，再放入橘子 1.5 kg，室温下储存 60 天不变质、不变色，且甜度提高。制作腌菜时，加入过氧化钙可使腌菜保持原有的青绿色。培育豆芽菜时加入 2%～7%的过氧化钙，可提高豆类的发芽率和生长速度，培育同样时间，生长量指数从 100 增至 133，个体长度平均增长 20 mm，产量提高，成本降低，并且豆芽白度高、口味好。

同时，过氧化钙也满足果蔬保鲜剂必须具备的三个条件：能有效控制果蔬采后腐烂的病原菌；果蔬食用部分中药剂残留量低，符合食品卫生标准；使用方便，价格低廉。

过氧化钙本身无毒，因此它用于食品保鲜是安全的，并且效果显著。采摘后的果蔬在进行新陈代谢时释放出乙烯，乙烯能加速果蔬的后熟，而过氧化钙能够缓慢释放氧气，氧化并排除乙烯气体，且过氧化钙制作简单，成本较低。

以储藏竹笋为例，国内储藏竹笋主要有制作笋干和加工成半潮竹笋两种方法，

① 亩，面积单位，1 亩≈666.67 m^2。

但这两种方法都有一定的弊端：制作笋干使竹笋失去了鲜嫩的特点，食用口感较新鲜竹笋大打折扣；加工成半潮竹笋工艺流程十分复杂，要经过真空包装、杀菌、冷藏等多道程序，成本过高，不易普及推广。因为过氧化钙具有无味、无臭、无毒等特点，所以用过氧化钙做竹笋的保鲜剂非常合适，既保留了竹笋特有的鲜味，且方法简单，加工费用较低。

此外，过氧化钙还可作为食品添加剂。例如，用作面包的添加剂使面包成色白、松软且保持水分；在青菜制咸菜时，使用一定量的过氧化钙可保持绿色，且添加物对人体无害。

总之，过氧化钙不仅是环境友好型的物质，近几年在食品工业上也应用广泛。

（执笔：王福海；审定：覃松）

实验六　硫代硫酸钠的制备

一、实验目的

掌握硫代硫酸钠的制备原理和方法；熟练加热、过滤、蒸发、浓缩、结晶等基本操作。

二、实验原理

1. 硫代硫酸钠的性质

常温下从溶液中结晶出来的硫代硫酸钠为 $Na_2S_2O_3 \cdot 5H_2O$，俗名大苏打，亦称“海波”(hypo)，为无色透明单斜晶体，易溶于水，水溶液显弱碱性。

在中性、碱性溶液中较稳定，在酸性溶液中会迅速分解：

$$S_2O_3^{2-} + 2H^+ \longrightarrow H_2O + S\downarrow + SO_2\uparrow$$

在空气中易风化(视温度和相对湿度而定，如在 33 ℃以上的干燥空气中风化而失去结晶水)。$Na_2S_2O_3$ 于 40～45 ℃熔化，48 ℃分解。

硫代硫酸钠具有较强的还原性，是常用的还原剂，在分析化学及摄影、医药、纺织、造纸等方面具有很大的实用价值。另外，硫代硫酸根具有很强的配位能力，可用作定影剂，也可用于鞣制皮革、电镀以及由矿石中提取银等。

2. 硫代硫酸钠的制备方法

1) 工业制法

(1) 亚硫酸钠法。在纯碱溶液中通入二氧化硫作用生成亚硫酸钠，再加入硫单质，经过滤、浓缩、结晶，制得硫代硫酸钠。反应如下：

$$Na_2CO_3 + SO_2 \longrightarrow Na_2SO_3 + CO_2$$

$$Na_2CO_3 + 2SO_2 + H_2O \longrightarrow 2NaHSO_3 + CO_2$$

$$2NaHSO_3 + Na_2CO_3 \longrightarrow 2Na_2SO_3 + CO_2 + H_2O$$

$$Na_2SO_3 + S + 5H_2O \longrightarrow Na_2S_2O_3 \cdot 5H_2O$$

该方法装置较复杂，使用原料种类较多，且反应中 SO_2 气体有毒，需在通风橱中进行。

(2) 硫化碱法。利用硫化碱生产过程所得蒸发残渣中的 Na_2CO_3 和 Na_2S，与硫废气中的 SO_2 反应，经吸硫、蒸发、结晶，直接制得硫代硫酸钠。

$$2Na_2S+Na_2CO_3+4SO_2+15H_2O = 3Na_2S_2O_3 \cdot 5H_2O+CO_2$$

该法消除了硫化碱废渣中硫化钠对环境的污染，有效利用了硫化碱废渣的潜在价值，适用于工业生产领域较大规模的生产。

(3) 氧化亚硫酸钠和重结晶法。分别将含 Na_2S、Na_2SO_3 和 Na_2CO_3 的液体经加硫、氧化、粗制：

$$2Na_2S+2S+3O_2 = 2Na_2S_2O_3$$

$$Na_2SO_3+S+5H_2O = Na_2S_2O_3 \cdot 5H_2O$$

$$Na_2CO_3+S+SO_2+5H_2O = Na_2S_2O_3 \cdot 5H_2O+CO_2$$

将所得硫代硫酸钠混合、浓缩、结晶，制得硫代硫酸钠。

以上三种方法均利用了硫元素的氧化还原性质，经过多相反应、浓缩和结晶等过程制得硫代硫酸钠晶体。

2) 实验室制法

(1) 亚硫酸钠与硫反应制备硫代硫酸钠。

$$Na_2SO_3+S+5H_2O = Na_2S_2O_3 \cdot 5H_2O$$

此方法直接用购置的硫粉作为反应物，原料简单易得，所用仪器操作简易。但此制备方法存在如下缺点：常出现黏稠液体，因无法析出晶体而导致实验失败；硫粉易结块；研磨硫块的过程中，不仅硫粉飞尘对环境造成污染，有损实验者的健康，同时硫的研磨致使部分硫附着在研钵上，造成药品的浪费；产率较低；实验接触的硫化物种类较少，不利于学生对硫及其化合物性质的整体认识。

(2) 用反应新生成的硫与亚硫酸钠反应制备硫代硫酸钠。制备过程如下：

$$Na_2SO_3+H_2SO_4 = Na_2SO_4+SO_2\uparrow+H_2O$$

$$2Na_2S+3SO_2 = 2Na_2SO_3+3S\downarrow$$

$$Na_2SO_3+S+5H_2O = Na_2S_2O_3 \cdot 5H_2O$$

该方法的优点：新生成的硫颗粒几乎为原子态，活性很高，反应快；实验涉及多种硫化物，有助于对硫化物物理、化学性质的系统了解和整合。

该方法的缺点：装置复杂，常发生二氧化硫有毒气体泄漏，还时常出现倒吸现象。操作较繁杂，不利于环境及身体健康。

本实验利用硫粉与亚硫酸钠溶液在共煮条件下反应，经过滤、蒸发浓缩、冷却至室温，得到晶体 $Na_2S_2O_3 \cdot 5H_2O$，再经过滤干燥制得产品。反应如下：

$$Na_2SO_3+S+5H_2O=Na_2S_2O_3\cdot 5H_2O$$

3. 反应条件的控制

1）温度控制

无机制备需要采用加热条件的原因主要是常温条件反应不能进行或常温下反应速率较慢。

本实验的制备反应为固体间的非均相反应，高温可加快扩散，从而提高反应速率，故采用在反应物共煮条件下进行。

非均相反应又称多相反应，反应物是两相或两相以上的组分（固体和气体，固体和液体，两种互不混溶的液体），或者一种或多种反应物在界面上（如固体催化剂表面上）进行的反应的总称。

非均相反应的特征有以下两方面：

（1）反应物必须向相界面扩散。多相反应大多在相的界面进行，但也有少数多相反应主要发生在不同的相中。例如，以硫酸为催化剂，用浓硝酸水溶液对苯进行消化反应，在两个液相中都能进行反应，酸相中的速率为有机相的数倍。即使这样，反应物也必须向相界面扩散，以进入另一相中发生反应。

针对本制备反应，硫粉要尽可能地在表面与溶液相接触，能溶解在溶液中最好。硫粉难溶于水，根据相似相溶原理，可将硫粉预先在乙醇溶剂中适当溶解，利用乙醇和水可混溶的特点，使硫粉在水中易于溶解。同时，适当的加热和搅拌也可以加速此过程。

（2）相界面的大小和性质是影响多相反应的一个重要因素。界面越大，或分散度越大，越有利于多相反应。即硫粉颗粒越细，没有黏结，界面越大，越有利于反应。

针对本制备反应，选用干燥的硫粉，充分研细，增大固液两相的接触面积以提高反应速率。

2）晶体的析出

硫代硫酸钠结晶时，易形成过饱和溶液，难于从溶液中析出；若蒸发的液体过量，结晶出的硫代硫酸钠会结成硬块，在蒸发及过滤的步骤中，难以与蒸发皿或滤纸分离开。因此在晶体析出的过程中，把握适当的火候就显得极为重要。

本实验的关键是控制蒸发浓缩的速度，切忌蒸发过度。

三、实验仪器和试剂

仪器：台秤、电子天平、烧杯、锥形瓶、量筒、布氏漏斗、吸滤瓶、真空泵、三脚架、石棉网、蒸发皿、酒精灯。

试剂：硫粉、亚硫酸钠(s)、乙醇(95%)。

材料：滤纸。

四、实验步骤

称取 6 g 固体 Na_2SO_3 置于 250 mL 锥形瓶中，加 30 mL 蒸馏水溶解。称取 2 g 磨成粉末状的硫粉，以 2 mL 95%的乙醇润湿调成糊状后加至溶液中，小火加热至微沸，并充分振摇。

注意：硫粉要求干燥、研细、无结块；亚硫酸钠最好用新制试剂；若反应过程中体积太少可适当补水。

思考题：硫粉为何要用乙醇浸润？反应过程中为何要充分振摇？能否依靠溶液的沸腾达到振摇的目的？

待溶液沸腾后转为小火，保持溶液微沸状态不少于 40 min，直至少许硫粉悬浮。趁热减压过滤，除去未反应的硫粉，将无色透明溶液转移至蒸发皿，在蒸汽浴上蒸发浓缩，至溶液呈微黄色混浊，或蒸发至原溶液体积的 1/3，停止加热并充分冷却，缓慢析出晶体。

注意：浓缩结晶时，切忌蒸出较多溶剂，以免产物因缺水而固化，得不到 $Na_2S_2O_3 \cdot 5H_2O$ 晶体。蒸发浓缩速度若太快，产品易于结块；速度太慢，产品不易形成结晶。

硫代硫酸钠易形成过饱和溶液，晶体难以析出，可采用搅拌、摩擦器壁或投入晶种等法促使结晶析出。

减压过滤，用少量 95%的乙醇洗涤晶体。将晶体转移至表面皿上，用滤纸吸干，称量，计算产量。

五、实验习题

(1) 蒸发浓缩硫代硫酸钠溶液终点应如何控制？该步与制备其他无机化合物时的终点控制条件有何不同？原因何在？

(2) 在计算 $Na_2S_2O_3 \cdot 5H_2O$ 的产率时，应以哪种原料为准？为什么？要想提高 $Na_2S_2O_3 \cdot 5H_2O$ 的产率与纯度，实验中应注意哪些问题？

六、拓展知识

火山口的采硫人

全球一半左右的硫磺以自然元素即自然硫的形式存在，主要产自由生物化学成因和火山岩成因的自然矿床。全球主要产地位于环太平洋火山带，智利、印度尼西亚是最主要产区。

休眠火山喷火口边缘附近易形成硫单质，原因是硫蒸气直接升华或硫化物矿

床与高温水蒸气作用生成 H_2S,经不完全氧化或与二氧化硫反应而成自然硫:

$$2H_2S + O_2 = 2S\downarrow + 2H_2O$$
$$2H_2S + SO_2 = 3S\downarrow + 2H_2O$$

由于火山口地势险峻,不易到达,并伴有高温与硫磺毒气,采集硫磺的工作是非常艰辛的(图 6-1～图 6-4)。

图 6-1　火山口自然凝结的硫磺块

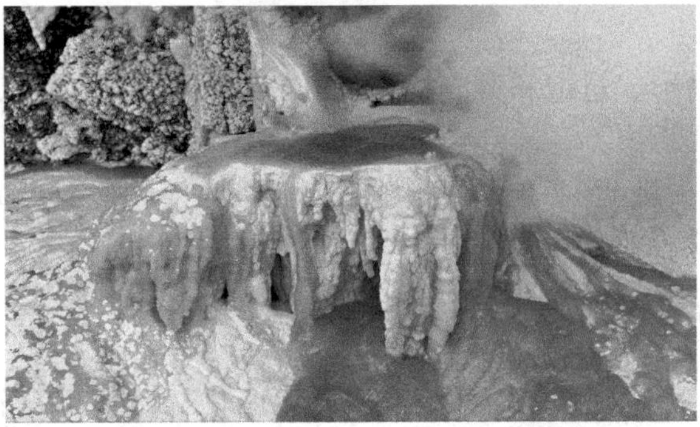

图 6-2　流淌的液态硫磺形成的地层结构

图 6-3　印度尼西亚火山口开采硫磺的工人

图 6-4　印度尼西亚火山口的采硫人在浓烟毒气里讨生活

矿工们每天忍着刺鼻的硫磺味，用最原始的方式手拣、肩挑，一次要挑至少 70 kg 的硫磺，上山下谷，呼吸毒气，绝大部分矿工都没有保护措施。真可谓"采硫日当午，汗滴烟熏苦；谁知硫磺粉，粒粒皆辛苦"。

（执笔：苏布道；审定：覃松）

实验七　粗食盐的提纯

一、实验目的

由工业用食盐制取试剂级氯化钠，巩固溶解、过滤、蒸发、结晶等基本操作。

二、工业食盐杂质的除去方法和原理

1. 工业用食盐的杂质来源

工业用食盐(俗称粗食盐)的杂质来源有生产原料及生产工艺两方面。

盐的原料来源有4类：海盐、湖盐、井盐和矿盐。不同原料可能会导致生产工艺的差异，生产工艺的差异可能导致所含杂质的差异。

一般意义上的粗食盐杂质有以下两方面：

(1) 固体不溶性杂质，如泥沙等。

(2) 可溶性杂质，如钙、镁、钾的氯化物和硫酸盐。

2. 粗食盐杂质的除去方法

1) 固体不溶性杂质的除去

通过固液分离方法可除去固体不溶性杂质。

2) 可溶性杂质的除去

(1) 第一种方法(化学方法)。

原则：使用常用的化学试剂；加入的化学试剂不带来新的杂质或易于在后续操作中除去。

具体方法及顺序如下：

a. 硫酸根离子的除去。在粗食盐溶液中加入稍过量的氯化钡溶液，使硫酸根离子以硫酸钡的形式沉淀，然后过滤除去。此步骤由于氯化钡略过量，剩余钡离子成为新引入的杂质，需在后面步骤中除去。

b. 镁离子的除去。加入适量氢氧化钠使镁离子以氢氧化镁的形式沉淀，然后过滤除去。此步骤新引入杂质氢氧根离子，需在后面步骤中除去。

c. 钙、钡离子的除去。加入适量的碳酸钠溶液，使钙、钡离子以碳酸盐的形式沉淀，然后过滤除去。此步骤新引入杂质碳酸根离子，需在后面步骤中除去。

d. 碳酸根离子和氢氧根离子的除去。加入适量盐酸溶液构成酸性环境，在除掉氢氧根离子的同时，使碳酸根转变成碳酸，加热使碳酸分解并以二氧化碳气体的形式从溶液中释放出去。

e. 钾离子的除去。氯化钾与氯化钠溶解度相差较大，使得少量氯化钾在蒸发浓缩之后仍然留在母液中，而大量氯化钠此时已结晶析出，趁热过滤可除掉少量氯化钾。

思考题：上述各步骤中哪些步骤可以合并，以减少操作步骤和节约时间？

（2）第二种方法。

在利用前面方法除去泥沙等不溶物及钙、镁之后，利用氯化钠难溶于盐酸的特性，在饱和食盐溶液中通入氯化氢气体，随着溶液中氯离子浓度增大，氯化钠晶体逐渐析出，减压过滤得到氯化钠晶体。

思考题：能否设计一种新的方法除去粗食盐中的杂质？

（3）不同方法的比较。

第一种方法步骤相对更多，但由于不涉及制备、通入氯化氢气体，因此使用的实验药品较少，相对更简便和安全。

第二种方法步骤相对更少，但制备、通入氯化氢气体是一个相对更加繁琐的工作。制备将使用较多的实验药品，且涉及强氧化剂的使用。通入氯化氢时，溢出的氯化氢气体涉及回收问题，如果在通风橱内完成此操作，排空的氯化氢将会污染环境。如果实验出现失误，也可能导致氯化氢气体的泄漏，污染环境，伤害实验人员。

（4）本实验选择的方法。

本实验选择第一种方法提纯粗食盐。

3. 产品检验

对硫酸根离子、钙离子和镁离子进行定性检验。

三、安全注意事项

（1）浓缩时母液飞溅可能带来的烫伤。

（2）玻璃仪器的安全使用。

（3）一般化学实验室安全注意事项。

四、实验仪器和试剂

仪器：烧杯、量筒、布氏漏斗、吸滤瓶、真空泵、三脚架、石棉网、台秤、表面皿、蒸发皿、试管、离心机。

试剂：粗食盐、氯化钠（分析纯或化学纯）、氯化钡（1 mol/L）、碳酸钠（1 mol/L）、氢氧化钠（2 mol/L、6 mol/L）、盐酸（2 mol/L、6 mol/L）、乙酸（2 mol/L）、草酸铵（饱和）、镁试剂Ⅰ。

材料：滤纸、pH 试纸。

五、实验步骤

1. 配制溶液

在台秤上称取 4 g 粗食盐，放入小烧杯(100 mL)中，加入 25 mL 水，加热，搅动，使其溶解。

思考：为何用台秤而不用分析天平？

2. 除去硫酸根离子

在不断搅拌下，往热溶液中滴加 1 mol/L 氯化钡溶液 3～4 mL，继续加热沸腾数分钟，使硫酸钡晶体颗粒长大易于过滤。

检验硫酸根离子是否沉淀完全：将烧杯从石棉网上取下，待溶液沉降后，沿烧杯壁在上层清液中滴加 2～3 滴氯化钡溶液，如果清液不出现浑浊，表明硫酸根离子已沉淀完全。如果清液出现浑浊，表明硫酸根离子没有沉淀完全，应继续在热溶液中滴加氯化钡溶液，直至硫酸根离子沉淀完全。

注意：若不易观察清液浑浊与否，也可将少量上层清液经离心机离心后再滴加氯化钡溶液，检验硫酸根离子是否除尽。

趁热减压过滤，保留滤液。硫酸钡沉淀及不溶物杂质被除去。

3. 除去镁离子、钙离子和钡离子

将滤液加热至沸，加入 1 mL 2 mol/L 氢氧化钠溶液，再滴加 1 mol/L 碳酸钠溶液(4～5 mL)至沉淀完全为止。

检验是否沉淀完全。减压过滤，保留滤液。氢氧化镁、碳酸钙和碳酸钡沉淀被除去。

4. 除去碳酸根离子、氢氧根离子

往滤液中滴加 2 mol/L 盐酸，加热，搅动，赶尽二氧化碳，用 pH 试纸检验溶液呈酸性(pH＝4～5)。碳酸根离子和氢氧根离子被除去。

5. 除去钾离子

将溶液倒入蒸发皿中，小火加热蒸发，浓缩至稠粥状。冷却，减压过滤。保留氯化钠晶体，氯化钾随滤液除去。

注意：蒸发皿的容量是前面粗食盐用量及后续试剂用量的取量标准。

6. 制得产品

将产品移入蒸发皿中，用小火烘干。冷却，称量，计算产率。

注意：烘干过程中应不断用玻璃棒搅动氯化钠晶体，以免晶体内局部暴沸，晶体飞溅。以氯化钠晶体颗粒不结块为烘干的标志。

7. 产品检验

取产品和原料各 1 g，分别溶于 5 mL 蒸馏水中，然后进行下列离子的定性检验。

(1) SO_4^{2-}：各取溶液 1 mL 于试管中，分别加入 6 mol/L HCl 溶液 2 滴和 1 mol/L $BaCl_2$溶液 2 滴。比较两溶液中沉淀产生的情况。

(2) Ca^{2+}：各取溶液 1 mL 于试管中，加 2 mol/L HAc 使溶液呈酸性，再分别加入饱和$(NH_4)_2C_2O_4$溶液 3～4 滴，若有白色沉淀产生，表示有 Ca^{2+} 存在。比较两溶液中沉淀产生的情况。

(3) Mg^{2+}：各取溶液 1 mL 于试管中，加 5 滴 6 mol/L NaOH 溶液和 2 滴镁试剂Ⅰ，若有天蓝色沉淀生成，表示有 Mg^{2+} 存在。

注意：镁试剂Ⅰ是对硝基苯偶氮间苯二酚的俗名，在碱性环境下呈红色或红紫色，被氢氧化镁沉淀吸附后呈天蓝色。结构式如下：

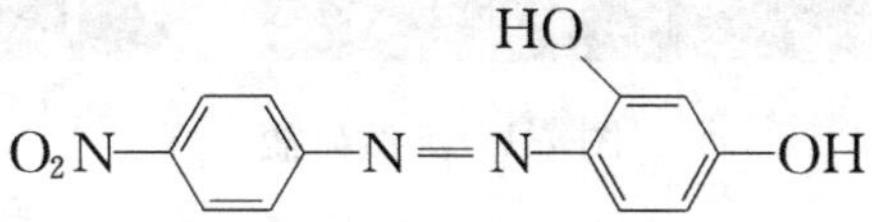

六、实验习题

(1) 怎样检验溶液中的 SO_4^{2-}、Ca^{2+}、Mg^{2+} 离子沉淀完全？

(2) 由粗食盐制取试剂级氯化钠的原理是什么？写出相关反应方程式。

七、拓展知识

1. 粗食盐的杂质来源

粗食盐的杂质来源有生产原料及生产工艺两方面。

1) 粗食盐的生产原料

盐的原料来源有 4 类：海盐、湖盐、井盐和矿盐。

(1) 以海水为原料晒制而得的盐为海盐。

(2) 开采现代盐湖矿加工制得的盐为湖盐。湖盐是第四纪以来形成的石盐和卤水矿床，分布在世界干旱的内陆闭流区，分为南、北半球两个盐湖带和赤道盐湖区，以北半球盐湖带为主。一般为固相和液相共存，也有卤水湖和干盐湖。

(3) 运用凿井法汲取地表浅部或地下天然卤水加工制得的盐为井盐。沉积岩形成时，封存在矿物或岩石缝隙和裂缝中的海水、地下含盐泥浆冷却时凝成的卤水或地下溶滤盐类矿物而形成的卤水，可用于制井盐。

(4) 开采古代岩盐矿床加工制得的盐为矿盐。由于岩盐矿床有时与天然卤水盐矿共存,加之开采岩盐矿床钻井水溶法的问世,故又有井盐和矿盐的合称——井矿盐,或泛称为矿盐。矿盐是地壳中的氯化钠固相沉积物,是在封闭、半封闭的沉积盆地中,在有利的地质构造和干旱气候条件下,富含盐分的水体逐渐蒸发、浓缩、沉积而成的(图 7-1)。

图 7-1 天然矿盐

玻利维亚的乌尤尼盐沼(Salar de Uyuni)享有"天空之镜"之誉,如图 7-2 所示。

图 7-2 乌尤尼盐沼

四川省自贡市燊海古盐井(图 7-3)凿于 1835 年,深 1001.42 m,是当时世界上第一口超 1000 m 的深井,其主要生产天然气和黑卤物质。

图 7-3　燊海古盐井(图片提供:王福海)

资料查询: 查上述海盐、湖盐、井盐和矿盐等原料的成分。

例 1: 海水的成分

海水中含量大于 1 mg/kg 的化学成分有 11 种。主要成分(大量、常量元素)是指海水中浓度大于 1×10^6 mg/kg 的成分。属于此类的有阳离子 Na^+、K^+、Ca^{2+}、Mg^{2+}和 Sr^{2+}五种,阴离子有 Cl^-、SO_4^{2-}、Br^-、HCO_3^-(CO_3^{2-})和 F^- 五种,还有以分子形式存在的 H_3BO_3,其总和占海水盐分的 99.9%。被河川搬运入海的岩石风化产物和火山等的喷发物,是海水主要溶解成分的主要来源。

研究发现,地球上不同大洋的海水中,虽然 Mg^{2+}、Ca^{2+}、Na^+、Cl^- 和 SO_4^{2-} 等五种成分的含量略有不同,但它们之间在同一水样中的比值是近似守恒的,即这些溶解成分的组成有近似的恒比关系。

例 2: 井盐的成分

井盐中除含氯化钠等盐类外,还有溴、碘、硼、钾、锶、锂、铷等物质。

2) 粗食盐的生产工艺可能除去或引入的杂质

不同原料可能会导致生产工艺的差异。

例 3: 卤水制盐工艺

地下天然卤水和水溶采矿得到的卤水成分不同,水溶采矿得到的卤水也有含硫酸钙较多和含硫酸钠较多的区别,因此用以制盐的流程也不同。

地下天然卤水制盐流程见图 7-4。

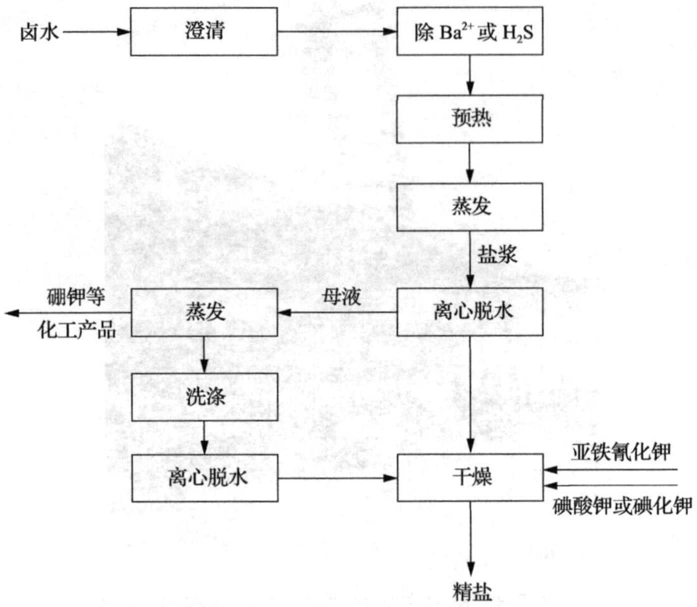

图 7-4 地下天然卤水制盐生产流程

资料查询: 由上述原料工业生产粗食盐的生产工艺。

2. 试剂级氯化钠的国家标准

根据中华人民共和国国家标准(GB/T 1266—2006),化学试剂氯化钠的技术条件为:氯化钠含量不少于 99.8%;水溶液反应为合格;杂质最高含量见表 7-1。

表 7-1 化学试剂氯化钠的杂质最高含量(%)

名称	优级纯	分析纯	化学纯
硫酸盐	0.001	0.002	0.005
镁	0.001	0.002	0.005
钙	0.005	0.007	0.01
钾	0.01	0.02	0.04

3. 柳永和《煮海歌》

北宋词人柳永 51 岁中进士，公元 1037～1039 年被派往明州（现宁波镇海）担任盐场监管（图 7-5）。他深入盐民了解其疾苦，写出不朽之作《煮海歌》。

图 7-5　古代海卤煎盐、取卤泥等制盐流程图

《煮海歌》

柳　永

煮海之民何所营？妇无蚕织夫无耕。
衣食之原太寥落，牢盆煮就汝输征。
年年春夏潮盈浦，潮退刮泥成岛屿。
风干日暴盐味加，始灌潮波塯成卤。
卤浓盐淡未得闲，采樵深入无穷山。
豹踪虎迹不敢避，朝阳出去夕阳还。
船载肩擎未遑歇，投入巨灶炎炎热。
晨烧暮烁堆积高，才得波涛变成雪。
自从潴卤至飞霜，无非假贷充糇粮。
秤入官中得微值，一缗往往十缗偿。
周而复始无休息，官租未了私租逼。
驱妻逐子课工程，虽作人形俱菜色。
煮海之民何苦辛，安得母富子不贫！
本朝一物不失所，愿广皇仁到海滨。
甲兵净洗征输辍，君有余财罢盐铁。
太平相业尔惟盐，化作夏商周时节。

（执笔：覃松；审定：苏布道）

实验八　一种钴(Ⅲ)配合物的制备

一、实验目的

掌握制备钴(Ⅲ)配合物的基本方法，了解其制备原理和对配合物组成的初步实验推断；学习使用电导率仪。

二、实验原理

1. 制备方法

实验室中常见的是二价钴盐，如 $CoCl_2$。Co(Ⅲ)配合物一般通过二价钴盐的氧化制得。但是实验室制备并不能采用直接氧化的方法，原因是二价钴的还原能力特别弱 ($\varphi^{\ominus}_{Co^{3+}/Co^{2+}} = 1.84\ V$)，很难找到合适的氧化剂。

实验室制备 Co(Ⅲ)配合物的一般方法是，先把二价钴制成配离子，再选用适当氧化剂把二价钴配离子氧化成三价钴配离子，结晶析出 Co(Ⅲ)配合物。原因是三价钴离子形成配合物的能力远远大于二价钴，导致二价钴配离子的还原能力显著增强，进而可以采用常见的氧化剂氧化二价钴配离子。

例如：$\lg K_{[Co(NH_3)_6]^{3+}} = 35.15$，$\lg K_{[Co(NH_3)_6]^{2+}} = 4.28$，导致 $\varphi^{\ominus}_{[Co(NH_3)_6]^{3+}/[Co(NH_3)_6]^{2+}} = 0.108\ V$；$\lg K_{[Co(CN)_6]^{3-}} = 64.00$，$\lg K_{[Co(CN)_6]^{4-}} = 19.09$，导致 $\varphi^{\ominus}_{[Co(CN)_6]^{3-}/[Co(CN)_6]^{4-}} = -0.83\ V$。

因此，Co(Ⅲ)配合物的一般制备过程为先通过二价钴(实际上是它的水合配合物)与配体的快速反应制得二价钴配合物，再氧化为相应的 Co(Ⅲ)配合物。

1) 选择配位剂

二价和三价钴离子都具有很强的配合能力，因此配位剂的选择范围很大。本实验采用氨作为配位剂。

2) 选择氧化剂

考虑到反应速率和不引入杂质等因素，本实验在无催化剂的条件下，选择过氧化氢为氧化剂。

3) 总的制备反应

$$Co^{2+} + 6NH_3 = [Co(NH_3)_6]^{2+} \qquad (8\text{-}1)$$

$$2[Co(NH_3)_6]^{2+} + H_2O_2 + 2H_2O = 2[Co(NH_3)_5H_2O]^{3+} + 2OH^- + 2NH_3 \quad (8\text{-}2)$$

$$[Co(NH_3)_5H_2O]^{3+} + Cl^- = [Co(NH_3)_5Cl]^{2+} + H_2O \quad (8\text{-}3)$$

为了使第一步反应充分进行，使用浓氨水，同时加入氯化铵。同理，第三步反应中使用浓盐酸，且反应温度不宜过高，避免产物分解，通常控制温度不超过85℃。

2. 组成分析

如果反应(8-2)进行不理想，则产物可能会是$[Co(NH_3)_6]Cl_2$；如果反应(8-3)进行不完全，产物可能是$[Co(NH_3)_5(H_2O)]Cl_3$。即最终产物可能会有三种情况：$[Co(NH_3)_5Cl]Cl_2$（紫红色）、$[Co(NH_3)_5(H_2O)]Cl_3$（粉红色）和$[Co(NH_3)_6]Cl_2$（黄色）。因此，需要对产物组成进行鉴定。鉴定方法包括化学方法和物理方法。

1）化学方法

用化学分析方法确定配合物的组成，通常先确定配合物的外界，再将配离子破坏确定其内界。破坏配离子内界常用的方法：加热、强酸、煮沸条件下加强碱。

(1) 加热有利于配合物的水解：

$$[Co(NH_3)_5Cl]^{2+} + 5H_2O = Co(OH)_3 + 5NH_4^+ + Cl^- + 2OH^-$$

$$2Co(OH)_3 = Co_2O_3 \cdot 3H_2O$$

(2) 强酸条件下，Co(Ⅲ)配合物发生分解：

$$2[Co(NH_3)_5Cl]^{2+} + 10HNO_3 = 2Co^{2+} + 10NH_4^+ + 10NO_3^- + Cl_2$$

(3) 煮沸条件下加强碱，Co(Ⅲ)配合物发生分解：

$$2[Co(NH_3)_5Cl]^{2+} + 6OH^- = Co_2O_3\downarrow + 10NH_3\uparrow + 3H_2O + 2Cl^-$$

配合物中Cl^-的检验见本书实验二十二常见阴离子的分离与鉴定(内界和外界氯离子都需鉴定，并比较其量的多少)。

配合物中钴离子的鉴定反应如下：

$$2[Co(NH_3)_5Cl]^{2+} + Sn^{2+} = 2[Co(NH_3)_5Cl]^+ + Sn^{4+}$$

$$[Co(NH_3)_5Cl]^+ + 4SCN^- = [Co(NCS)_4]^{2-}\text{(蓝色)} + 5NH_3 + Cl^-$$

注意：$[Co(NCS)_4]^{2-}$在水溶液中易发生解离，常使用 KSCN 的浓溶液或固体，并加入戊醇和乙醚以提高稳定性。

配合物中氨分子的鉴定反应如下：

$$NH_4^+ + 2[HgI_4]^{2-}\text{(奈氏试剂)} + 4OH^- = [OHg_2NH_2]I\downarrow\text{(红褐色)} + 7I^- + 3H_2O$$

2）物理方法

溶液的导电能力与离子电荷及离子迁移速度有关，而离子迁移速度主要受到溶液浓度和离子强度的影响。一般来说，等浓度的同类型离子化合物具有相同的导电能力，也具有相同的电导率。因此，可通过测定电导率确定溶液的离子个数及类型。典型离子型化合物的电导率见表 8-1。

表 8-1　典型离子型化合物的电导率

电解质	类型(离子数)	电导率/(μS/cm)	
		0.01 mol/L	0.001 mol/L
KCl	1-1 型 (2)	1230	133
$BaCl_2$	1-2 型 (3)	2150	250
$K_3[Fe(CN)_6]$	1-3 型 (4)	3400	420

综合化学方法和物理方法的结论，确定产物的最终组成。

三、实验仪器

常见电导率仪见图 8-1。

图 8-1　电导率仪(图片提供:苏布道)

根据电极常数确定电导率仪的常数值，根据室温选择温度补偿。将电极清洁、干燥，然后插入待测溶液，调节适当挡位，读出电导率数据。

具体操作参见不同型号电导率仪的使用说明书。

四、实验仪器及试剂

仪器：烧杯、锥形瓶、量筒、布氏漏斗、真空泵、试管、温度计、电导率仪、电子天平、烘箱。

试剂：$NH_3 \cdot H_2O$(浓)、H_2O_2(30%)、HCl(浓)、HNO_3(浓)、$AgNO_3$(2.0 mol/L)、$SnCl_2$(0.5 mol/L)、戊醇、乙醚、奈氏试剂、$CoCl_2$(s)、NH_4Cl(s)、KSCN(s)。

材料：pH 试纸、滤纸。

五、实验步骤

1. 制备 Co(Ⅲ) 配合物

在锥形瓶中将 1.0 g NH_4Cl 溶于 6 mL 浓 $NH_3 \cdot H_2O$ 中，待完全溶解后，不断振摇，使溶液均匀。分数次加入 2.0 g $CoCl_2$ 粉末，边加边摇动，加完后继续摇动，至溶液呈棕色稀浆。

思考题：实验中 NH_4Cl 的作用是什么？

滴加 30% H_2O_2溶液 2～3 mL，边加边摇动，加完后再摇动。

当溶液中停止起泡时，慢慢加入 6 mL 浓 HCl，边加边摇动，并在水浴上微热，不能加热至沸（温度不要超过 85℃），边摇边加热 10～15 min，然后在室温下冷却并摇动，待完全冷却后过滤沉淀，用 5 mL 冷水分数次洗涤沉淀，再用 5 mL 6 mol/L 冷的 HCl 洗涤，抽干，所得产物在 105℃左右烘干并称量。

2. 组成的初步推断

(1) 化学方法。称取 0.2～0.3 g 产品，以 25 mL 蒸馏水使之完全溶解，配成溶液Ⅰ，待用。

a. 检验溶液酸碱性：用 pH 试纸检验溶液的酸碱性。

b. 检验外界氯离子：取 5 mL 溶液Ⅰ，慢慢滴加 2 mol/L $AgNO_3$溶液，振荡，直至沉淀完全，过滤。

思考题：如何检验沉淀是否完全？

检验内界氯离子：向滤液中加入 1 mL 浓 HNO_3，振荡，再滴加 $AgNO_3$溶液，观察是否有沉淀生成。若有，与前步骤比较沉淀量的多少。

思考题：加入浓 HNO_3的目的是什么？

c. 检验钴离子：取 2 mL 溶液Ⅰ，加几滴 $SnCl_2$溶液，振荡，加入绿豆粒大小的 KSCN(s)，振荡后加入 1 mL 戊醇、1 mL 乙醚。振荡后观察上层溶液颜色，检验有无游离的 Co^{3+} 或 Co^{2+}。

d. 检验外界铵根离子：取 2 mL 溶液Ⅰ，加少量蒸馏水得清亮溶液，加 2 滴奈氏试剂，观察变化，检验有无游离的 NH_4^+。

e. 检验内界铵根离子：取适量溶液Ⅰ加热至完全变成棕黑色后停止加热，冷却，用 pH 试纸检验溶液的酸碱性，然后过滤。取澄清液，重复做步骤 c 和 d，比较现象和原来有何不同。

由化学方法初步确定该配合物的组成。

(2) 物理方法。按照上述初步确定的组成，将该配合物配制成 0.01 mol/L 的溶液 100 mL，测其电导率，然后稀释 10 倍后再测其电导率，并与表 8-1 对比，以确定配合物的类型及组成。

注意： 室温下纯净的水电导率极小，此处忽略不计。

(3) 综合化学方法、物理方法的结论，最终确定产物，计算产率。

六、实验习题

(1) 实验中 H_2O_2 的作用是什么？如不用 H_2O_2，还可以采用哪些物质？

(2) 要使本实验产品产率高，哪些步骤较为关键？为什么？

七、拓展知识

本实验制备机理的深入探讨

在合成钴(Ⅲ)配合物时，常用空气氧化，但也可采用其他的氧化剂。若反应物为氯化钴(Ⅱ)氨配合物，以下三种情况下的反应各异。

(1) 无催化剂的情况。

O_2作氧化剂：

$$4[Co(NH_3)_6]^{2+} + O_2 + 6H_2O = 4[Co(NH_3)_5H_2O]^{3+} + 4OH^- + 4NH_3$$

$$[Co(NH_3)_5H_2O]^{3+} + Cl^- = [Co(NH_3)_5Cl]^{2+} + H_2O$$

H_2O_2 作氧化剂：

$$2[Co(NH_3)_6]^{2+} + H_2O_2 + 2H_2O = 2[Co(NH_3)_5H_2O]^{3+} + 2OH^- + 2NH_3$$

$$[Co(NH_3)_5H_2O]^{3+} + Cl^- = [Co(NH_3)_5Cl]^{2+} + H_2O$$

注意： 无催化剂时，氯化钴(Ⅱ)氨配合物常常在发生氧化还原反应的同时，配体发生取代，即六配位氨合物中的氨分子易被其他基团取代，得到的产物主要是$[Co(NH_3)_5Cl]Cl_2$。

(2) 活性炭作催化剂，O_2或 H_2O_2作氧化剂。

$$4[Co(NH_3)_6]^{2+} + O_2 + 2H_2O = 4[Co(NH_3)_6]^{3+} + 4OH^-$$

$$2[Co(NH_3)_6]^{2+} + H_2O_2 = 2[Co(NH_3)_6]^{3+} + 2OH^-$$

注意： 上述反应是催化制备金属配合物中最著名的多相催化的实例。有催化剂存在时几乎全部生成$[Co(NH_3)_6]Cl_3$。

(3) 可能的反应机理。

金属配合物的氧化是以活化的桥联为中间体，通过成桥基团进行电子传导。

$$2[Co(NH_3)_6]^{2+} + O_2 \longrightarrow [(NH_3)_5Co\text{-}O\text{-}O\text{-}Co(NH_3)_5]^{4+} + 2NH_3 \longrightarrow [Co(NH_3)_5OH]_2^{2+}$$

橙色　　　　　　　　　　　粉红色，中间体

在与氨发生作用时，催化剂活性炭的存在可使中间体与氨平稳地反应：

$$[Co(NH_3)_5OH]_2^{2+} + 2NH_3 \longrightarrow [Co(NH_3)_6]^{3+}$$

粉红色　　　　　　　　黄色

在无催化剂的情况下，该过程进行得非常缓慢，只能以如下步骤发生反应：

$$[Co(NH_3)_5OH]_2^{2+} \xrightarrow{HCl} [(NH_3)_5Co\text{-}OH_2]^{3+} \xrightarrow{HCl} [Co(NH_3)_5Cl]^{2+}$$

粉红色　　　　　　　　粉红色　　　　　　　　紫色

氧化过程是否使用催化剂，可根据实验要求及实验室具体条件选择。

（执笔：苏布道；审定：覃松）

实验九　乙酸解离常数的测定

一、实验目的

了解 pH 法测定乙酸解离度和解离常数的原理，加深对解离常数和解离度的理解；学习酸度计的使用方法。

二、实验原理

1. 常用的测定解离常数的方法

1) pH 法

乙酸(CH_3COOH，缩写为 HAc)是一元弱酸，在水溶液中不能完全解离，存在着下列解离平衡：

$$HAc(aq) \rightleftharpoons H^+(aq) + Ac^-(aq)$$

开始浓度/(mol/L)　c　　0　　0

平衡浓度/(mol/L)　$c-[H^+]$　　$[H^+]$　　$[Ac^-]$　　($[H^+]=[Ac^-]$)

其解离常数表达式：

$$K_a = \frac{[H^+][Ac^-]}{c-[H^+]} = \frac{[H^+]^2}{c-[H^+]}$$

通过配置不同浓度的乙酸，在一定温度下，用酸度计测定一系列已知浓度的乙酸的 pH，换算出$[H^+]$，代入解离常数公式中，可求得一系列对应解离常数值，取其平均值，即为该温度下乙酸的解离常数。

2) 缓冲溶液法

在 HAc 和 NaAc 组成的缓冲溶液中，由于同离子效应，当达到解离平衡时，其 pH 的计算公式为

$$pH = pK_a(HAc) - \lg\frac{c_{HAc}}{c_{Ac^-}} = pK_a(HAc) - \lg\frac{c_{0,HAc}}{c_{0,Ac^-}}$$

对于相同浓度 HAc 和 NaAc 组成的缓冲溶液，则有

$$pH = pK_a(HAc)$$

因此要测定乙酸的解离常数，只需配制相同浓度 HAc 和 NaAc 组成的缓冲溶液即可。

3）电导率法

$$HAc(aq) \rightleftharpoons H^+(aq) + Ac^-(aq)$$

开始浓度/(mol/L)　c　　0　　0

平衡浓度/(mol/L)　$c-c\alpha$　　$c\alpha$　　$c\alpha$

其解离常数表达式：

$$K_a = \frac{c^2\alpha^2}{c-c\alpha} = \frac{c\alpha^2}{1-\alpha}$$

α 为解离度

$$\alpha = \frac{[H^+]}{c_{HAc}}$$

利用解离度与溶液的摩尔电导率和极限摩尔电导率的关系来求溶液的解离度，再求解离平衡常数。

本实验采用 pH 法。

2. 解离常数与温度的关系

标准平衡常数与标准摩尔吉布斯自由能的关系为

$$\Delta_r G_m^{\ominus}(T) = -RT\ln K_a^{\ominus}$$

公式中标准摩尔吉布斯自由能 $\Delta_r G_m^{\ominus}(T)$ 仅是温度的函数，所以 $K_a^{\ominus}$ 也只是温度的函数。对同一反应，$K_a^{\ominus}$ 只与温度有关，温度一定，其值就一定。

3. 酸度计的使用方法

常见酸度计见图 9-1。

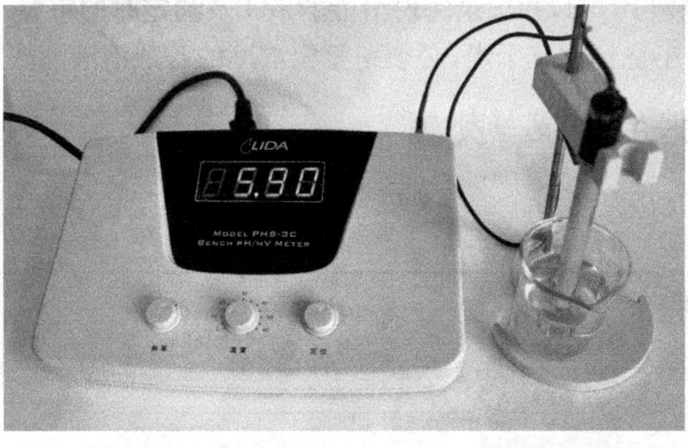

图 9-1　酸度计（图片提供：苏布道）

(1) 校正。不同型号的酸度计其校正方法也有所不同,因此校正仪器时必须按照所给仪器说明书的操作步骤进行。

注意: 校正后酸度计的斜率和定位旋钮不再调整,如果调整则必须重新校正。

(2) 测量步骤。用蒸馏水清洗电极头部,除去水分。把电极浸入被测溶液中,当显示屏上读数稳定时记录溶液的 pH。测定溶液 pH 时必须按由稀到浓的顺序。

注意: ①清洗后的电极可用滤纸条除去水分;②使用时注意保护电极,防止损坏或污染;③电极使用完后必须用蒸馏水清洗干净,并插入保护液中。

思考题: 测定溶液 pH 为什么要由稀到浓?

三、实验仪器和试剂

仪器:酸度计、碱式滴定管、25 mL 烧杯、50 mL 容量瓶、25 mL 移液管、10 mL 吸量管。

试剂:HAc 标准溶液(0.2 mol/L)。

四、实验步骤

1. 配制不同浓度的 HAc 溶液

用移液管或吸量管分别移取 5.00 mL、10.00 mL、25.00 mL 已标定浓度的 HAc 溶液于三个 50 mL 容量瓶中,用蒸馏水稀释至刻度,摇匀。连同未稀释的 HAc 溶液可得四种不同浓度的溶液,由稀到浓依次编号为 1、2、3、4。

2. HAc 溶液的 pH 测定

用四个干燥的 25 mL 小烧杯分别盛装上述四种浓度的溶液,按由稀到浓的顺序在酸度计上测定其 pH,并记录每份溶液的 pH 及测定时的室温。

注意: 如果小烧杯没有干燥,必须用相应浓度的乙酸溶液润洗。

五、实验数据的记录与处理

表 9-1 数据记录表

溶液 t =____℃

编号	HAc 体积/mL	HAc 浓度/(mol/L)	pH	$[H^+]$/(mol/L)	α	K_a
1	5.00					
2	10.00					
3	25.00					
4	50.00					

计算 $K_a^{\ominus}$ 的平均值

$K_a = 1.75 \times 10^{-5}$　（文献值，25 ℃）　K_a（测定值）＝______

$$平均相对误差=\frac{平均测定值-文献值}{文献值}\times 100\%=\_\_\_\_\_\_$$

六、习题

(1) 已知 $\Delta_r H_m^{\ominus} = -484.5$ kJ/mol，若改变所测乙酸溶液的温度，则解离度和标准解离常数有无变化？

(2) 实验所测四种乙酸溶液的解离度各为多少？由此可以得出什么结论？

(3) 下列情况对 α 有什么影响？

a. 所测乙酸溶液的浓度极稀。

b. 在乙酸溶液中加入一定量的乙酸钠。

c. 在乙酸溶液中加入一定量的氯化钠。

七、拓展知识

关于醋的传说及趣闻

1. 食用醋的历史文化

山西老陈醋、镇江香醋、福建红曲米醋与保宁醋并列为清代流传至今的“四大名醋”。山西老陈醋产于清徐县，为我国四大名醋之首。老陈醋色泽黑紫，绵、酸、甜、醇厚，回味悠长。镇江香醋以“酸而不涩，香而微甜，色浓味鲜，愈存愈醇”等特色而闻名。保宁醋已有近 400 年历史。泉州永春老醋就是源于历史上著名的福建红曲米醋。

1）山西醋

山西人善酿醋、爱吃醋，素有“老醯儿”之称。古时把醋叫“醯”，把酿醋的人叫“醯人”，把酿醋的醴叫“老醯”。在汉朝史游所撰的《急就篇》中就有“芜荑盐豉醯酢酱”的说法，其中“醯”和“酢”指的都是醋。因此，吃醋不叫吃醋，而叫“吃醯”。由于山西人对酿醋技术的特殊贡献，再加上山西人嗜醋如命，又巧合了“醯”和山西的“西”字同音，所以外省人就尊称山西人为“山西老醯儿”了。山西人和醋有着深厚的感情，山西做醋的历史大约有 4000 年之久，所以在山西又有这样的说法：男人不吃醋，感情不丰富；女人不吃醋，家庭不和睦；小孩不吃醋，学习不进步；老人不吃醋，越活越糊涂。

清徐是山西老陈醋的正宗发源地，也是中华食醋的发祥地，其酿醋历史距今已有 4000 多年了。相传，帝尧定都尧（今清徐县尧城村）后，采摘瑞草“蓂荚”以酿苦酒。这里所说的苦酒就是人类最早的酸性调味品——醋了。汉唐时期，并州晋阳一带的制醯作坊日益兴盛，从民间到官府，制醯食醯成了人们生活的一大嗜好。

明清时代，山西酿醋技艺日臻精湛，并随晋人迁徙和晋商的足迹，将山西的制醯技术和食醋习俗带到了长城内外、大江南北，是谓山西名扬四海的重要媒体。

悠悠岁月，沧桑巨变，山西老陈醋历经风雨数千年，其味更浓，其名更盛。

2）镇江醋

镇江的醋享誉海外。镇江的恒顺香醋是人民大会堂国宴用醋。镇江恒顺香醋酿制技艺已被列入首批国家级非物质文化遗产名录，这也是江苏省食品制造业中唯一入选的传统手工技艺。镇江香醋具有“色、香、酸、醇、浓”的特点，存放时间越久，口味越香醇。这是因为它具有得天独厚的地理环境与独特的精湛工艺。镇江香醋以优质糯米为主要原料，采用优良的酸醋菌种，经过固体分层发酵及酿酒、制醅、淋醋三大过程和40多道工序，历时70多天精制而成，再经6～12天储存期，最后才出厂。

相传，醋是酒圣杜康的儿子黑塔发明的。就在杜康发明了酿酒术的那一年，他举家来到镇江，在城外开了个前店后作的小酒坊，酿酒卖酒。儿子黑塔帮助父亲酿酒，在作坊里提水、搬缸，什么都干，同时还养了匹黑马。

一天，黑塔做完了活计，给缸内酒槽加了几桶水，兴致勃勃地搬起酒坛子一口气喝了好几斤米酒，米酒后劲不小，没多久黑塔就醉醺醺地回马房睡觉了。突然，耳边响起了一声震雷，黑塔迷迷糊糊睁开眼睛，看见房内站着一位白发老翁，正笑眯眯地指着大缸对他说：“黑塔，你酿的调味琼浆已经二十一天了，今日酉时就可以品尝了。”黑塔正欲再问，谁知老翁已不见。他大声喊着：“仙翁，仙翁！”惊醒了，原来刚才是自己梦中所见，梦中所闻。

黑塔回想刚才梦中发生的事情，觉得十分奇怪，这大缸中装的不过是喂马用的酒糟再加了几桶水，怎么会是调味的琼浆？黑塔将信将疑，其实正觉唇干舌燥，就喝了一碗。谁知一喝，只觉得满嘴香喷喷、酸溜溜、甜滋滋，顿觉神清气爽，浑身舒坦。

黑塔大步走进父亲房中，将刚才梦中所见、口中所尝告诉了父亲。杜康听了也觉得神气，便跟黑塔一起来到马房，一看大缸里的水是与往日不同，黝黑、透明。杜康用手指蘸了蘸，送进口中尝了尝，果然香酸微甜。

杜康又细问了黑塔一遍，对老翁讲的“二十一天”、“酉时”琢磨许久，还边用手比画着，突然拽住黑塔在地上用手指写了起来：“二十一日酉时，这加起来就是个‘醋’字，兴许这琼浆就是‘醋’吧！”

2. 为什么人们习惯称感情上的嫉妒叫吃醋

男女相恋时有第三者介入，往往发生争风吃醋现象。此说法源于一段历史轶事。

唐太宗李世民当年赐给房玄龄几名美女做妾，房不敢受，李世民料到房的夫人是个悍妇，不肯答应。于是唐太宗派太监持一壶“毒酒”传旨房夫人，如不接受这几名美妾，即赐饮毒酒。夫人面无惧色，接过“毒酒”一饮而尽。结果并未丧命，原来壶中装的是醋，皇帝以此来考验她，开了一个玩笑。于是“吃醋”的故事传为千古趣谈。

房玄龄(579 年～648 年 8 月 18 日)，名乔，字玄龄。唐代齐州临淄(今山东济南)人，清河房氏出身，鲜卑人，唐朝初年的名相(图 9-2)。

仔细观察图 9-3，京剧《醒醉记》中的唐太宗李世民与房玄龄，里面的两位夫人中有房夫人吗？

图 9-2　房玄龄

图 9-3　京剧《醒醉记》剧照

(执笔：王福海；审定：覃松)

实验十　金属相对原子质量的测定

一、实验目的

学会用置换法测定金属(实验以镁为例)的相对原子质量;掌握理想气体状态方程和气体分压定律的应用;掌握测量气体体积的基本操作技术及气压表的使用技术;了解实验原理的其他应用及微型化处理。

二、实验原理

$$Mg + H_2SO_4(稀) = MgSO_4 + H_2\uparrow$$

定量关系

$$n_{Mg} = n_{H_2} \tag{10-1}$$

其中

$$n_{Mg} = \frac{m_{Mg}}{M_{Mg}} \tag{10-2}$$

考虑实验中的气体为理想气体,$p_{H_2}V_{H_2} = n_{H_2}RT$,则

$$n_{H_2} = \frac{p_{H_2}V_{H_2}}{RT} \tag{10-3}$$

式中,T 为实验时热力学温度;p_{H_2} 为氢气的分压;V_{H_2} 为置换反应生成氢气的体积;R 为摩尔气体常量[8.314 kPa·L/(mol·K)]。

将式(10-2)、式(10-3)代入式(10-1),得

$$M_{Mg} = \frac{RTm_{Mg}}{p_{H_2}V_{H_2}} \tag{10-4}$$

其中 p_{H_2} 的测定:因为反应管内的压力与外界压力(p)相等,而反应管内气体包括反应生成的氢气以及水的饱和蒸气。由分压定律,反应管内气体的压力是氢气的分压(p_{H_2})与水的饱和蒸气压(p_{H_2O})的加和,并等于外界大气压(p),即

$$p = p_{H_2} + p_{H_2O}$$

$$p_{H_2} = p - p_{H_2O} \tag{10-5}$$

将式(10-5)代入式(10-4)

$$M_{Mg}=\frac{RTm_{Mg}}{(p-p_{H_2O})V_{H_2}} \tag{10-6}$$

若 V_{H_2} 的单位为 mL,则

$$M_{Mg}=\frac{RTm_{Mg}}{(p-p_{H_2O})V_{H_2}}\times 10^3 \tag{10-7}$$

实验测定 T、m_{Mg}、V_{H_2}、p、p_{H_2O}(查表),由式(10-6)或式(10-7)求得镁的相对原子质量。

三、实验仪器和试剂

仪器:电子天平(万分之一)、50 mL 量气管(或 50 mL 碱式滴定管)、漏斗、橡皮管、试管、铁架台、滴定管架、橡皮塞、量筒(10 mL)、气压计(公用)。

试剂:镁条、H_2SO_4(2 mol/L)。

四、实验内容

(1) 用电子天平准确称取两份已擦去表面氧化膜的镁条,每份重 0.0280～0.0320 g(称至 0.0001 g)。

(2) 按图 10-1 装配好仪器装置。

实验装置的参考安装顺序:①碱式滴定管上部连接橡胶管(图 10-1a);②碱式滴定管上部橡胶管连接玻璃管和橡胶塞子(图 10-1b);③碱式滴定管下部连接橡胶管(图 10-1c);④碱式滴定管下部橡胶管连接漏斗(图 10-1d)并通过漏斗加水,使碱式滴定管液面接近 0 刻度线(抖动橡胶管或上下移动漏斗以赶尽橡胶管内和滴定管内可能附着的气泡);⑤连接试管(图 10-1e)。

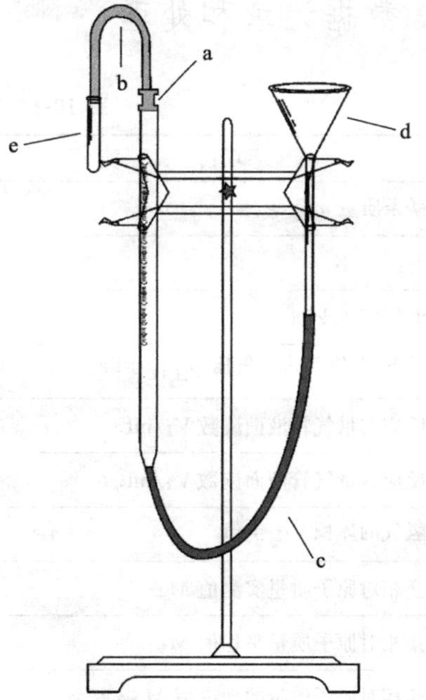

图 10-1　测定镁相对原子质量的装置图

(3) 检查装置是否漏气。将漏斗下移一段距离,并固定在一定位置上。如果碱式滴定管中的液面只在开始时稍有下降,以后即维持恒定(需经过约 3 min 以上时间观察),便表明装置不漏气。如果液面

继续下降，则说明装置漏气。这时就要检查各个接口处是否严密。经过检查并改装之后，再重复试验，直至确保不漏气为止。

(4) 镁与硫酸作用前的准备。取下试管，将 2 mL H_2SO_4(2 mol/L)沿着试管内壁的一边加入试管中，将镁条用水稍微湿润一下，贴放在试管上部没有粘有酸液的另一边内壁上(切勿使镁条触及酸液)。固定试管，塞紧橡胶塞子。再按步骤(3)检查一次装置是否漏气。若不漏气，将漏斗移至碱式滴定管的右侧，使漏斗的液面和碱式滴定管的液面保持同一水平，记下量气管中液面的位置。

(5) 氢气的发生、收集和体积的量度。倾斜试管使酸液与镁条接触，轻摇试管，镁条落入硫酸溶液中，镁条和硫酸反应放出氢气。这时反应产生的氢气进入碱式滴定管中，将管中水压入漏斗内。为使碱式滴定管内气压不至于过大而造成漏气，在管内液面下降的同时，漏斗可相应地向下移动，使管内液面和漏斗中液面大体保持在同一水平上。

镁条反应完毕后，待试管冷至室温。然后使漏斗与碱式滴定管的液面处于同一水平，记下液面位置。稍等 1～2 min，再记录液面位置，如两次读数一致，表明管内气体温度已与室温相同。

用另一份镁条重复实验一次。

(6) 记录实验室的室温 t 和大气压 p，查出室温下水的饱和蒸气压 p_{H_2O}。

五、数据记录和处理

表 10-1 实验结果记录和计算

项目	Ⅰ	Ⅱ
镁条质量 m_{Mg}/g		
室温 T/K		
大气压 p/kPa		
T(K)时饱和水蒸气压 p_{H_2O}/kPa		
反应前量气管液面读数 V_1/mL		
反应后量气管液面读数 V_2/mL		
氢气的体积 V_{H_2} /mL		
镁相对原子质量实测值 $M_{实}$		
镁相对原子质量平均值 $M_{平}$		
镁相对原子质量的理论值 $M_{理论}$	24.31	
测量的相对误差/%		

六、安全注意事项

(1) 防止试管因旋塞不紧而跌落。

(2) 玻璃仪器的安全使用。

(3) 一般化学实验室安全注意事项。

七、实验习题

(1) 本实验中检查漏气的操作原理是什么？如果装置漏气，对实验结果有何影响？

(2) 本实验中水的作用是什么？读取液面位置时，为什么要使碱式滴定管和漏斗中的液面保持在同一水平面上？

(3) 反应后试管未冷却就记录量气管中的液面刻度对实验结果有何影响？

(4) 实验测定的各项实验数据的有效数字应该如何记录？

八、拓展知识

(1) 本实验的微型化研究装置见图 10-1。

仪器：小试管、量气管(2 mL)、漏斗、橡胶管。

试剂量：镁条质量约为 0.0030 g，H_2SO_4(2 mol/L)的用量为 1 mL。

(2) 本实验的原理和装置还可用于测定摩尔气体常量 R、水的饱和蒸气压和大气压等物理量。

(执笔：覃松；审定：苏布道)

实验十一　化学反应速率常数与活化能的测定

一、实验目的

掌握浓度、温度和催化剂对化学反应速率的影响；学习测定过二硫酸铵与碘化钾反应的反应速率的方法；利用实验数据计算反应级数、反应速率常数和反应的活化能。

二、实验原理

1. 测定速率常数 k

在水溶液中过二硫酸铵与碘化钾的反应为

$$(NH_4)_2S_2O_8 + 3KI = (NH_4)_2SO_4 + K_2SO_4 + KI_3$$

其离子反应为

$$S_2O_8^{2-} + 3I^- = 2SO_4^{2-} + I_3^- \qquad (11\text{-}1)$$

反应速率方程为

$$r = kc_{S_2O_8^{2-}}^m c_{I^-}^n$$

式中，r 为瞬时速率；$c_{S_2O_8^{2-}}$、c_{I^-} 为相应离子浓度；m、n 为反应级数。

1) r 的表示方法

r 用初速率(r_0)表示，在实验中只能测定出在一段时间内反应的平均速率：

$$\bar{r} = \frac{-\Delta c_{S_2O_8^{2-}}}{\Delta t}$$

在此实验中近似地用平均速率代替初速率：

$$r_0 = kc_{S_2O_8^{2-}}^m c_{I^-}^n = \frac{-\Delta c_{S_2O_8^{2-}}}{\Delta t}$$

为了能测出反应在 Δt 时间内 $S_2O_8^{2-}$ 浓度的改变量，需要在混合$(NH_4)_2S_2O_8$和 KI 溶液的同时，加入一定体积已知浓度的 $Na_2S_2O_3$溶液和淀粉溶液，这样在反应(11-1)进行的同时还进行另一反应：

$$2S_2O_3^{2-} + I_3^- = S_4O_6^{2-} + 3I^- \qquad (11\text{-}2)$$

此反应几乎是瞬间完成，反应(11-1)比反应(11-2)慢得多。因此，反应(11-1)生成的 I_3^- 立即与 $S_2O_3^{2-}$ 反应，生成无色的 $S_4O_6^{2-}$ 和 I^-，而观察不到碘与淀粉呈现的特征蓝色。当 $S_2O_3^{2-}$ 消耗尽，反应(11-2)不进行，反应(11-1)还在进行，则生成的 I_3^- 遇淀粉呈蓝色。

从反应开始到溶液出现蓝色这一段时间 Δt 里，$S_2O_3^{2-}$ 浓度的改变值为

$$\Delta c_{S_2O_3^{2-}} = -[c_{S_2O_3^{2-}(终)} - c_{S_2O_3^{2-}(始)}] = c_{S_2O_3^{2-}(始)}$$

再从反应(11-1)和反应(11-2)对比，则得

$$\Delta c_{S_2O_8^{2-}} = \frac{c_{S_2O_3^{2-}(始)}}{2}$$

2) k 的测定

通过改变 $S_2O_8^{2-}$ 和 I^- 的初始浓度，测定消耗等量的 $S_2O_3^{2-}$ 所需的不同时间间隔，计算出反应物不同初始浓度的初速率和反应级数，最终计算出速率常数 k。

2. 测定活化能

由阿伦尼乌斯方程得

$$\lg k = A - \frac{E_a}{2.30RT}$$

测出不同温度下的 k 值，以 $\lg k$ 对 $\frac{1}{T}$ 作图，得直线，斜率为 $-\frac{E_a}{2.30R}$，可求出反应的活化能 E_a。

3. 催化剂改变反应速率的本质

能显著改变反应速率而本身的化学性质和数量在反应前后基本不变的物质称为催化剂。催化剂有正催化剂(加快反应速率)和负催化剂(减慢反应速率)，一般不特别指出均指正催化剂。催化剂改变反应速率是由于其改变了反应途径，降低了反应的活化能。

三、实验仪器和试剂

仪器：恒温水浴、烧杯、量筒、秒表、温度计。

试剂：$(NH_4)_2S_2O_8$、KI、$(NH_4)_2SO_4$、KNO_3溶液浓度均为 0.2 mol/L，$Na_2S_2O_3$(0.01 mol/L)，淀粉(0.2%)，$Cu(NO_3)_2$(0.02 mol/L)。

四、实验步骤

1. 浓度对化学反应速率的影响

在室温下，按表 11-1 各溶液用量用量筒准确量取各试剂，除$(NH_4)_2S_2O_8$外，

其他各试剂均可按用量混合在各编号烧杯中，当最后加入$(NH_4)_2S_2O_8$溶液时，立即按下秒表，开始计时，并把溶液混合均匀，等溶液变蓝时停止计时，记下时间 Δt 和室温。

表 11-1　浓度对反应速率的影响

室温________℃

实验编号		1	2	3	4	5
试剂用量/mL	0.2 mol/L $(NH_4)_2S_2O_8$	20.0	10.0	5.0	20.0	20.0
	0.2 mol/L KI	20.0	20.0	20.0	10.0	5.0
	0.01 mol/L $Na_2S_2O_3$	8.0	8.0	8.0	8.0	8.0
	0.2% 淀粉溶液	2.0	2.0	2.0	2.0	2.0
	0.2 mol/L KNO_3	0	0	0	10.0	15.0
	0.2 mol/L $(NH_4)_2SO_4$	0	10.0	15.0	0	0
混合液中反应的起始浓度/(mol/L)	$(NH_4)_2S_2O_8$					
	KI					
	$Na_2S_2O_3$					
反应时间 Δt/s						
$S_2O_8^{2-}$ 的浓度变化 $\Delta c_{S_2O_8^{2-}}$ /(mol/L)						
反应速率 r						

注意： 取药品时量筒不得混用，做好标记。

思考题： 为什么要补充 KNO_3或$(NH_4)_2SO_4$？

2. 温度对化学反应速率的影响

按实验 1 取好实验的药品用量，在高于室温 10 ℃和低于室温 10 ℃的温度条件下进行实验。其他操作步骤同实验 1。数据记录见表 11-2。

表 11-2　温度对反应速率的影响

实验编号	6	7	8
反应温度 t/℃			
反应时间 Δt/s			
反应速率 r			

注意： 测定温度对化学反应速率的影响时，先将 KI、$Na_2S_2O_3$、淀粉、KNO_3、$(NH_4)_2SO_4$的混合液和$(NH_4)_2S_2O_8$溶液分别加热或降至一定温度后再合并。

思考题： 如何控制反应温度？

3. 催化剂对化学反应速率的影响

按实验1的试剂用量，把KI、$Na_2S_2O_3$、淀粉、KNO_3、$(NH_4)_2SO_4$混合，再加2滴0.02 mol/L $Cu(NO_3)_2$溶液后，迅速加入$(NH_4)_2S_2O_8$溶液开始计时。将此反应速率与实验编号1的反应速率进行比较。

五、实验数据处理

(1) 计算反应级数和反应速率常数(表11-3)。

反应速率公式 $r = kc^m_{S_2O_8^{2-}}c^n_{I^-}$ 两边取对数：

$$\lg r = m\lg c_{S_2O_8^{2-}} + n\lg c_{I^-} + \lg k$$

当 c_{I^-} 不变(实验1、2、3)时，以 $\lg r$ 对 $\lg c_{S_2O_8^{2-}}$ 作图，得直线，斜率为 m。同理，当 $c_{S_2O_8^{2-}}$ 不变(实验1、4、5)时，以 $\lg r$ 对 $\lg c_{I^-}$ 作图，得此反应级数为 $m+n$。把求得的 m、n 代入 $r = kc^m_{S_2O_8^{2-}}c^n_{I^-}$，可求出反应速率常数 k。

表11-3 反应级数和反应速率常数计算

实验编号	1	2	3	4	5
$\lg r$					
$\lg c_{S_2O_8^{2-}}$					
$\lg c_{I^-}$					
m					
n					
反应速率常数 k					

(2) 计算反应活化能(表11-4)。

$$\lg k = A - \frac{E_a}{2.30RT}$$

测出不同温度下的 k 值，以 $\lg k$ 对 $\frac{1}{T}$ 作图，得直线，斜率为 $-\frac{E_a}{2.30R}$，可求出反应的活化能 E_a。

表11-4 反应活化能的计算

实验编号	6	7	8
反应速率常数 k			
$\lg k$			
$\frac{1}{T}$			
反应活化能 E_a			

活化能 E_a 文献值为 51.8 kJ/mol。k 文献值由活化能 E_a 文献值利用阿伦尼乌斯方程在室温下求得。

六、实验习题

(1) 实验中当蓝色出现后，反应是否就终止了？

(2) $Na_2S_2O_3$ 的用量过多或过少，对实验结果有何影响？

(3) 反应级数的测定除本实验方法外还有什么方法？

七、拓展知识

1. 离子强度对反应速率的影响

在化学反应中反应速率与离子的浓度大小有关，离子浓度越大其反应速率越快，而离子强度与离子的浓度存在以下关系：

$$I = \frac{1}{2}\sum c_i Z_i^2$$

式中，I 为溶液的离子强度；c_i 为反应离子的浓度；Z_i 为该离子的电荷数。

对于反应：

$$A^{Z_A} + B^{Z_B} \longrightarrow [AB]^{Z_A Z_B}$$

反应速率常数与离子强度存在以下关系：

$$\lg\frac{k}{k_0} = 2AZ_A Z_B\sqrt{I}$$

式中，A 为在一定温度和一定溶剂下的常数；k 为离子强度改变时的反应速率常数；k_0 为离子强度没发生变化时的反应速率常数。

此公式表明了溶液中离子强度对反应速率的影响：

(1) 若 Z_A 与 Z_B 同号，离子强度增大，将使 k 值增大。

(2) 若 Z_A 与 Z_B 异号，离子强度增大，k 值反而减小。

(3) 若 Z_A 或 Z_B 有一个为中性分子，$k = k_0$，离子强度对反应无影响。

本实验的离子反应方程式为

$$S_2O_8^{2-} + 3I^- \longrightarrow 2SO_4^{2-} + I_3^-$$

即 Z_A 与 Z_B 同号，离子强度增大，将使 k 值增大，因此在实验过程中要避免离子强度对反应速率的影响，需在溶液中补加与反应相同的离子来维持溶液中总的离子强度不变。因此，在本实验中用 KNO_3 和 $(NH_4)_2SO_4$ 来分别替代溶液中 KI 和 $(NH_4)_2S_2O_8$ 的量的改变，从而控制溶液总的离子强度不变。

2. Excel 处理数据

Excel 是 Microsoft office 系统的重要组成，它是介于 Word 文字处理软件与 Access 数据库软件之间的电子表格工具，可用于本实验数据处理。

假定线性方程为 $y = ax + b$，在 Excel 中 A 列输入 x 值，B 列输入 y 值，并选取完成的数据区（图 11-1），并点击“插入”后选择“散点图”中第一个图样。

图 11-1

点击图表向导后会运行图表向导，如图 11-2。

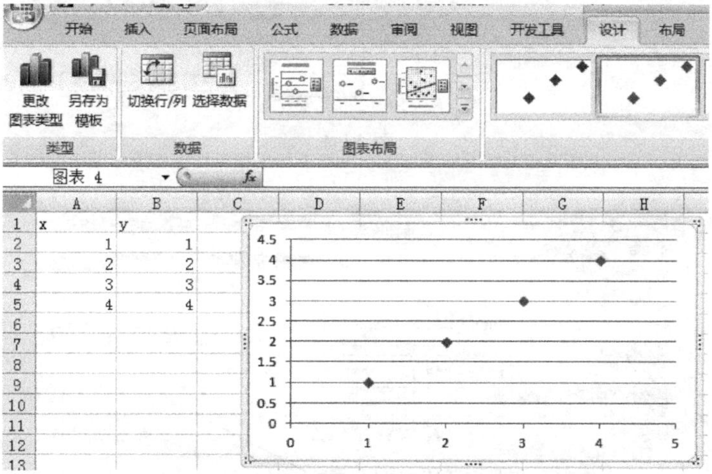

图 11-2

选择图中任一点按鼠标右键点击“添加趋势线”（图 11-3），得图 11-4，选择“线性”并选取“显示公式”和“显示 R 平方值”，最后点击“关闭”，完整的标准回归曲线就画好了（图 11-5）。

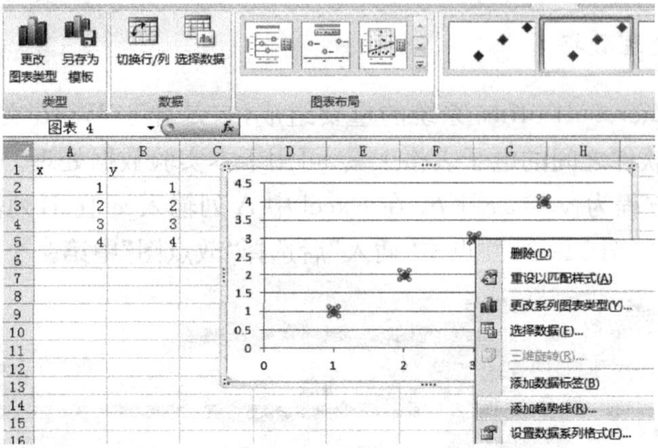

图 11-3

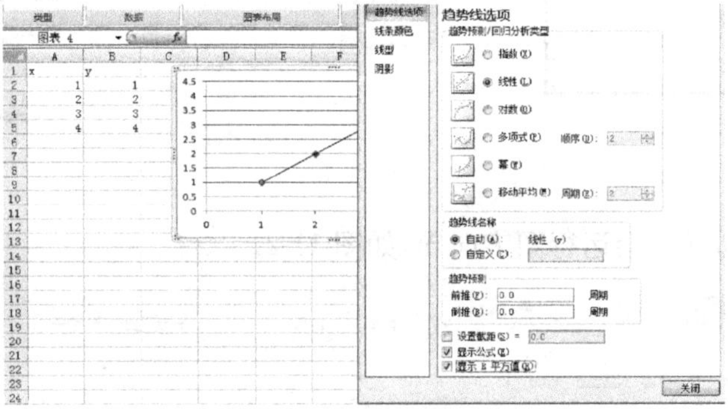

图 11-4

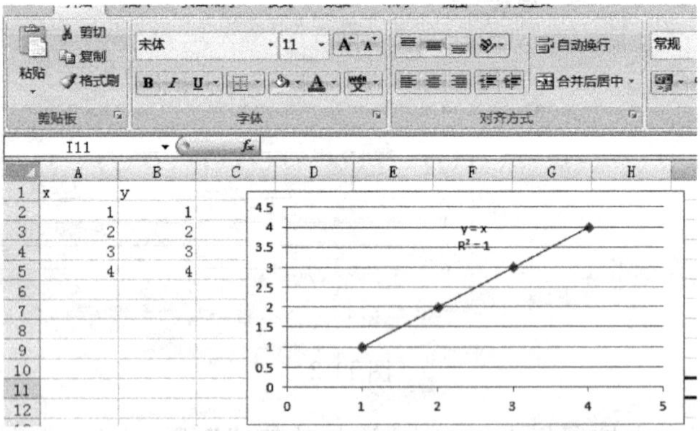

图 11-5

（执笔：王福海；审定：覃松）

实验十二 酸碱滴定

一、实验目的

掌握酸碱滴定的原理；掌握滴定操作，学会判断滴定终点；学习酸式滴定管和碱式滴定管的使用方法。

二、实验原理

滴定操作是通过滴加试剂的方式来实现按化学反应式等计量反应的一种实验操作手段。实验室常通过滴定操作来测定溶液中某物质的浓度。

滴定反应：

$$aA + bB \longrightarrow cC + dD$$

当反应达到等计量反应(化学计量点)时

$$\frac{n_A}{n_B} = \frac{a}{b}$$

考虑 $n=cV=m/M$，如果A、B都是溶液：

$$c_A V_A = \frac{a}{b} c_B V_B$$

如果A是固体，B是溶液：

$$m_A = \frac{a}{b} c_B V_B M_A$$

式中，c_A、c_B分别为A、B的浓度(mol/L)；V_A、V_B分别为A、B的体积(L或mL)；m_A为被测试样的质量(g)；M_A为被测物质摩尔质量(g/mol)。

利用上述公式，在已知某物质准确浓度(标准溶液)的情况下，通过滴定操作，可以计算出被测物质某组分的浓度或质量，从而求出被测物质某组分的含量。

滴定操作通常选用适当指示剂，通过指示剂的颜色变化来指示滴定终点。

滴定反应的类型：酸碱反应、沉淀反应、配位反应、氧化还原反应。

滴定反应的条件：反应必须定量进行，要求反应完全程度≥99.9%。通常，能作为滴定反应的条件是 $cK_t \geqslant 10^6$。对于不能符合上述滴定条件的反应，也可通过间接反应来实现滴定。

本实验用NaOH溶液直接滴定已知准确浓度的 $H_2C_2O_4$ 溶液，以酚酞为指示剂，当溶液颜色由无色变为淡粉红色时，表示已达到终点。再用 HCl 溶液直接滴定 NaOH 溶液，以甲基橙为指示剂，当溶液颜色由黄色变为橙色时，表示已达到终点。由前面计算公式，求出酸或碱的浓度。

三、基本操作

滴定管一般分为两种：酸式滴定管、碱式滴定管，见图 12-1。

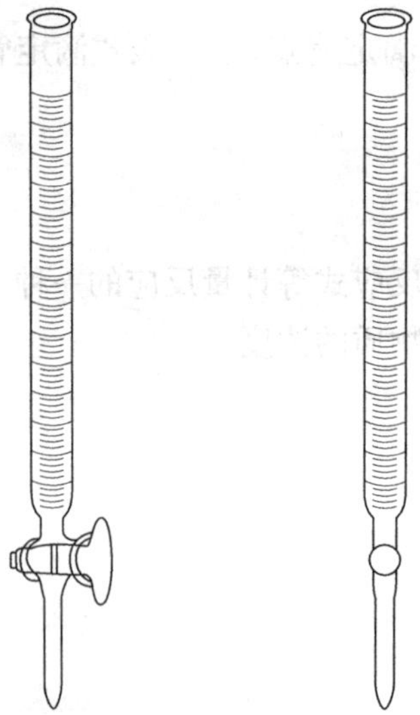

图 12-1　酸式滴定管（左）和碱式滴定管（右）

酸式滴定管下端有玻璃旋塞开关，用来装酸性溶液和氧化性溶液，不宜盛碱性溶液（避免腐蚀磨口和旋塞）。碱式滴定管的下端连接一段乳胶管，管内有玻璃珠以控制溶液的流出，乳胶管下端再连一尖嘴玻璃管。

1. 滴定管使用前的准备

酸式滴定管使用前应检查旋塞转动是否灵活，然后检查是否漏水。

检验方法：用自来水充满滴定管，仔细观察有无水滴滴下，保持约 2 min，然后将活塞转动 180°，再检查。

如果漏水，取出活塞，擦干活塞和活塞套，用食指蘸取少许凡士林，在活塞的两端各涂一薄层凡士林，如图 12-2。

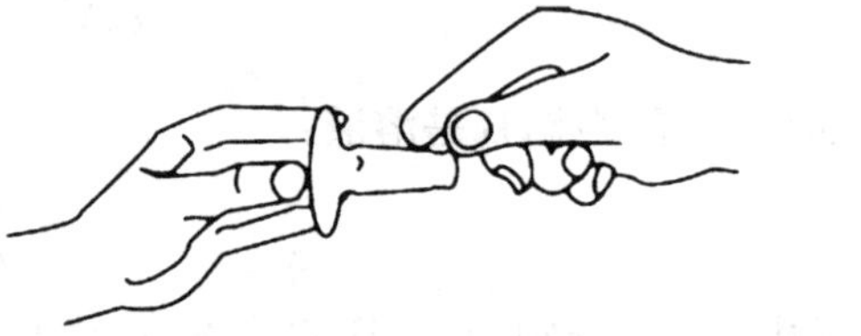

图 12-2　凡士林的涂抹

将活塞插入活塞套内，并向同一方向转动活塞，直到活塞和活塞套上的凡士林全部透明为止，套上橡皮圈，再检漏。

碱式滴定管若漏水，则需更换玻璃珠或乳胶管。

2. 滴定溶液的装入

滴定前应用滴定溶液润洗滴定管两三次。装入溶液后，滴定管尖嘴部分不能有气泡。

酸式滴定管赶气泡的方法是使滴定管适当倾斜，迅速打开活塞，让溶液冲出时将气泡带走。

碱式滴定管赶气泡的方法是挤压玻璃珠侧上部，并将滴定管尖嘴向上，使溶液从管口喷出（图 12-3），将气泡带走。

3. 滴定管的读数

手拿滴定管上部无刻度处，使滴定管保持垂直，读数方法见图 12-4。

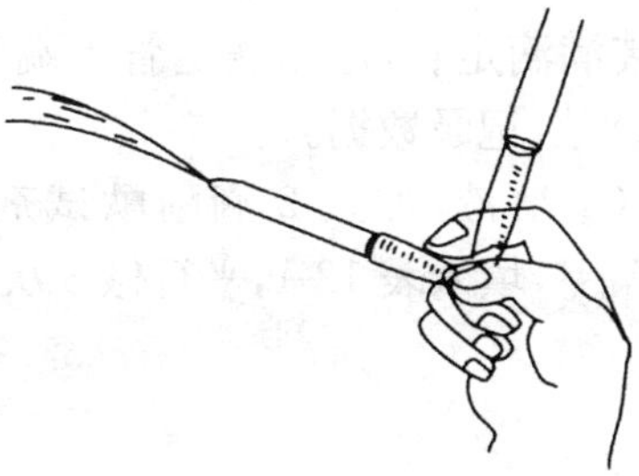

图 12-3　碱式滴定管赶气泡方法

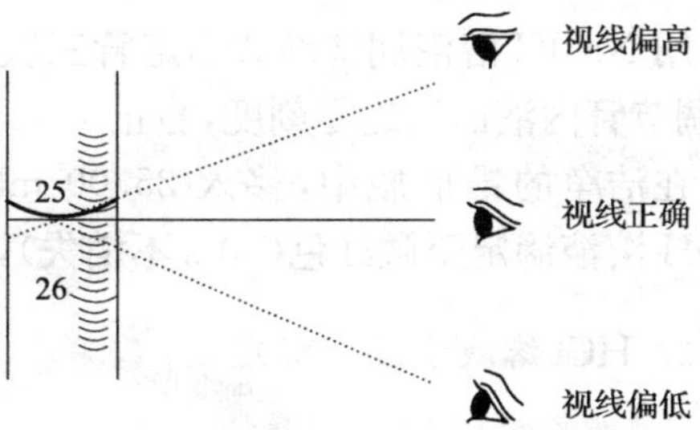

图 12-4　滴定管的读数

4. 滴定操作

滴定操作见图 12-5。

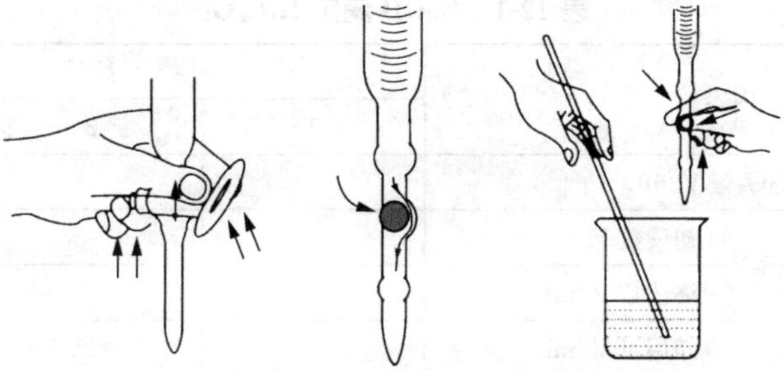

图 12-5　滴定操作

5. 滴定终点判断

滴定开始时，滴定速度可稍快些，但不能流成"水线"。接近终点时，应改为逐滴缓慢滴入一滴甚至半滴，直至溶液出现明显的颜色变化，且半分钟不褪色。

四、实验仪器和试剂

仪器：酸式滴定管(50 mL)、碱式滴定管(50 mL)、移液管(25 mL)。

试剂：$H_2C_2O_4$标准溶液(0.5 mol/L)、NaOH 溶液(浓度待定)、HCl 溶液(浓度待定)、酚酞试剂、甲基橙试剂。

五、实验步骤

1. NaOH 溶液浓度的标定

用 NaOH 溶液润洗碱式滴定管三次，然后装满滴定管，赶出滴定管下端的气泡，调节管内液面接近零刻度，静止 1 min，准确读数，记录数据。

在洁净的锥形瓶中，移入 25.00 mL $H_2C_2O_4$ 溶液，加入 2 滴酚酞试剂，用 NaOH 溶液滴定至微红色(30 s 不消失)，记下 V_{NaOH}，填入表 12-1，平行做 3 次。

2. HCl 溶液浓度的标定

在洁净的锥形瓶中，移入 25.00 mL NaOH，加入 1 滴甲基橙指示剂，用 HCl 溶液滴定至溶液由黄色变为橙色(终点)为止，记下 V_{HCl}，填入表 12-2，平行做 3 次。

六、数据记录

表 12-1　NaOH 滴定 $H_2C_2O_4$

内容		编号		
		1	2	3
$H_2C_2O_4$ 量 V/mL				
消耗 NaOH 量	初读数 V/mL			
	终读数 V/mL			
	净用量 V/mL			
NaOH 溶液浓度/(mol/L)				
平均浓度/(mol/L)				
偏差				
平均偏差				

$$偏差 = 测定值 - 平均值$$

$$平均偏差 = \frac{\sum |测定值 - 平均值|}{3}$$

$$相对平均偏差 = \frac{平均偏差}{平均值} \times 100\%$$

表 12-2 HCl 滴定 NaOH

内容		编号		
		1	2	3
NaOH 的量 V/mL				
消耗 HCl 的量	初读数 V/mL			
	终读数 V/mL			
	净用量 V/mL			
HCl 的浓度/(mol/L)				
平均浓度/(mol/L)				
偏差				
平均偏差				

七、实验习题

(1) 用 NaOH 溶液分别滴定 HCl 和 HAc 溶液，当达到滴定终点时，溶液的 pH 是否相同？

(2) 滴定操作中为什么滴定管要用待装液润洗，而锥形瓶不需要润洗？

八、拓展知识

1. 标准溶液

已知准确浓度的溶液即为标准溶液，配制方法有两种：一种是直接法，即准确称量基准物质，溶解后定容至一定体积；另一种是标定法，即先配制成近似需要的浓度，再用基准物质或用标准溶液来进行标定。

2. 基准物

化学实验用于直接配制标准溶液或标定滴定分析中操作溶液浓度的物质。

基准物质应符合四项要求：①纯度≥99.9%；②组成与它的化学式完全相符；③性质稳定，一般情况下不易失水、吸水或变质；④参加反应时应按反应式定量进行，没有副反应。

3. 直接法

如果试剂符合基准物质的要求(组成与化学式相符、纯度高、稳定)，可以直接配制标准溶液。具体过程：准确称取适量的基准物质，溶解后配制在一定体积的容量瓶内，根据容量瓶的体积和基准物的质量计算出标准溶液的浓度。

4. 标定法

如果试剂不符合基准物质的要求，则先配成近似于所需浓度的溶液，然后再用基准物质通过滴定操作准确地测定其浓度，这个过程称为溶液的标定。

（执笔：王福海；审定：覃松）

实验十三　EDTA 的配制与标定

一、实验目的

学习 EDTA 标准溶液的配制和标定方法；掌握络合滴定的原理，了解络合滴定的特点；了解缓冲溶液的应用。

二、实验原理

乙二胺四乙酸(简称 EDTA，常用 H_4Y 表示)难溶于水，其结构式如下：

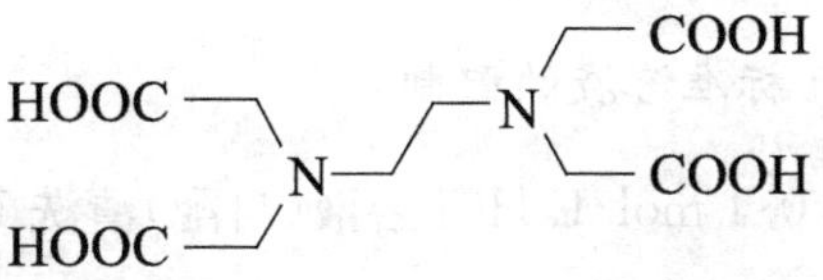

乙二胺四乙酸常温下溶解度为 0.2 g/L，在分析中不适用，通常使用其二钠盐配制标准溶液。乙二胺四乙酸二钠盐的溶解度为 120 g/L，可配成 0.3 mol/L 以下的溶液，其水溶液 pH＝4.8。

EDTA 能与大多数金属离子形成 1∶1 的稳定络合物：

$$M^{2+} + H_2Y^{2-} \longrightarrow MY^{2-} + 2H^+$$

计量关系为

$$n_{M^{2+}} = n_{Y^{4-}}$$

$$n_{Y^{4-}} = c_{Y^{4-}} V_{Y^{4-}}$$

$$n_{M^{2+}} = c_{Y^{4-}} V_{Y^{4-}}$$

$$c_{Y^{4-}} = \frac{n_{M^{2+}}}{V_{Y^{4-}}}$$

标定 EDTA 的浓度选用的基准物有 Zn、ZnO、$CaCO_3$、Bi、Cu 等。通常选用与被测组分相同的物质作基准物，这样滴定条件较一致。

本实验用 Zn 作基准物质，用铬黑 T(EBT)作指示剂，在 $NH_3 \cdot H_2O\text{-}NH_4Cl$ 缓冲溶液(pH＝10)中进行标定。

滴定前 Zn^{2+} 与铬黑 T 反应：

$$Zn^{2+} + In^{2-}(\text{纯蓝色}) \longrightarrow ZnIn(\text{酒红色})$$

滴定开始到滴定终点前：

$$Zn^{2+} + H_2Y^{2-} = ZnY^{2-} + 2H^+$$

滴定终点：

$$ZnIn(\text{酒红色}) + H_2Y^{2-} = ZnY^{2-} + In^{2-}(\text{纯蓝色}) + 2H^+$$

当溶液由酒红色变为纯蓝色时，达到滴定终点。

三、实验仪器和试剂

仪器：酸式滴定管、锥形瓶。

试剂：锌片、EDTA 二钠盐、HCl(0.1 mol/L)、铬黑 T、1∶1 $NH_3 \cdot H_2O$-NH_4Cl、浓氨水。

四、实验步骤

1. 0.01 mol/L Zn^{2+}标准溶液的配制

(1) 取适量锌片，用 0.1 mol/L HCl 溶液(自配)清洗 1 min，再用自来水、纯水洗净，烘干、冷却。

(2) 用直接称量法在干燥小烧杯中准确称取 0.15～0.2 g Zn，盖好小表面皿。

(3) 用滴管从烧杯口加入 5 mL 1∶1 盐酸，待 Zn 溶解后吹洗表面皿、杯壁，小心地将溶液转移至 250 mL 容量瓶中，用纯水稀释至标线，摇匀。

2. 0.01 mol/L EDTA 标准溶液的配制

称取 1.9 g EDTA 二钠盐在烧杯中，加入适量水，搅拌溶解，转移到试剂瓶中稀释至 500 mL。

3. 标定 EDTA 标准溶液

用 25.00 mL 移液管移取 Zn^{2+}标准溶液置于 250 mL 锥形瓶中，加入一片刚果红试纸，边搅边逐滴加入 1∶1 氨水至刚果红试纸由蓝色变为红色，加 5 mL $NH_3 \cdot H_2O$-NH_4Cl 缓冲溶液、50 mL 水，用玻璃棒蘸取少量铬黑 T 加入到溶液中，此时溶液呈酒红色，用 EDTA 标准溶液滴定。当溶液由酒红色变为纯蓝色时即为终点。记录 EDTA 溶液的用量 V。平行标定三次，计算 EDTA 的浓度。

注意： 铬黑 T 的量不要多，否则溶液颜色过深，不容易辨别滴定终点，且消耗的 EDTA 的量会多。

五、数据记录及处理

表 13-1 EDTA 的标定实验数据

<table>
<tr><td colspan="2" rowspan="2">内容</td><td colspan="3">编号</td></tr>
<tr><td>1</td><td>2</td><td>3</td></tr>
<tr><td colspan="2">Zn^{2+}溶液的量 V/mL</td><td></td><td></td><td></td></tr>
<tr><td rowspan="3">消耗 EDTA 的量</td><td>初读数 V/mL</td><td></td><td></td><td></td></tr>
<tr><td>终读数 V/mL</td><td></td><td></td><td></td></tr>
<tr><td>净用量 V/mL</td><td></td><td></td><td></td></tr>
<tr><td colspan="2">EDTA 溶液浓度/(mol/L)</td><td></td><td></td><td></td></tr>
<tr><td colspan="2">平均浓度/(mol/L)</td><td colspan="3"></td></tr>
<tr><td colspan="2">偏差</td><td></td><td></td><td></td></tr>
<tr><td colspan="2">平均偏差</td><td colspan="3"></td></tr>
</table>

六、实验习题

(1) 为什么用乙二胺四乙酸的二钠盐配制 EDTA 溶液，而不用其酸？

(2) 为何要用缓冲溶液调节溶液酸度？

七、拓展知识

EDTA 的用途

EDTA 主要用作络合剂，广泛用于水处理剂、洗涤用添加剂、照明化学品、造纸化学品、油田化学品、锅炉清洗剂及分析试剂。

(1) 高分子化学工业中用作丁苯胶乳聚合活化剂、腈纶生产装置的聚合反应终止剂。

(2) 日用化学工业中用作多种洗涤剂、护肤品、烫发护发剂的添加剂。

(3) 造纸业中用作纤维蒸煮时的处理剂，用以提高纸张白度，减少蒸锅中的结垢。

(4) 医药工业中与甲酰胺环合可制得乙亚胺，乙亚胺是一种主要用于治疗银屑病的药物，还作为某些疫苗的稳定剂及备注抗凝剂。

(5) 纺织印染业中用于提高染料上色率和印染纺织品的色调和白度。

通常使用的 EDTA 二钠盐是一种重要的络合剂，作为水处理行业的一种水质稳定剂，同时可用作农业微肥、化学喷雾剂以及海水养殖，也是试验室中较为广泛的分析试剂。可用作彩色感光材料冲洗加工的漂白定影液、染色助剂、纤维处理助剂、化妆品添加剂、血液抗凝剂、洗涤剂、稳定剂、合成橡胶聚合引发剂。EDTA 是螯合剂的代表性物质,能和碱金属、稀土元素和过渡金属等形成稳定的水溶性络合物。此外,EDTA 也可使有害放射性金属从人体中迅速排泄,起到解毒作用。

(执笔:王福海;审定:覃松)

实验十四　混合碱中碳酸钠和碳酸氢钠含量的测定

一、实验目的

了解多元弱碱滴定过程中溶液 pH 的变化及指示剂的选择；掌握双指示剂法测定混合碱各组分的原理和方法；了解酸碱滴定法在碱度测定中的应用。

二、实验原理

混合碱是指 Na_2CO_3 和 $NaHCO_3$ 或 NaOH 和 Na_2CO_3 等类似物质的混合物。其各组分及总碱（以 Na_2O 表示）可用双指示剂法进行测定。

1. 由 Na_2CO_3 和 $NaHCO_3$ 组成的混合碱

先以酚酞作指示剂，用 HCl 标准溶液滴至溶液无色，此时 Na_2CO_3 只被滴到 $NaHCO_3$，反应如下：

$$Na_2CO_3 + HCl = NaHCO_3 + NaCl$$

溶液颜色由红色变无色时为第一终点，记下所用 HCl 溶液的体积 V_1。

然后用溴甲酚绿-二甲基黄指示剂，继续用 HCl 滴至 $NaHCO_3$ 被完全中和，变为 CO_2 气体放出，反应如下：

$$NaHCO_3 + HCl = NaCl + H_2O + CO_2 \uparrow$$

溶液颜色由绿色变为亮黄色为第二终点，记下所用 HCl 溶液的体积 V_2。

V_2 是滴定 $NaHCO_3$ 所消耗的 HCl 溶液的体积，其中包括第一步 Na_2CO_3 被滴定生成 $NaHCO_3$ 消耗的 HCl。

由反应式可以看出 $V_2 > V_1$，且 Na_2CO_3 消耗标准溶液的体积为 $2V_1$，$NaHCO_3$ 消耗标准溶液的体积为 $(V_2 - V_1)$，据此可根据以下公式求得混合碱中 Na_2CO_3 和 $NaHCO_3$ 的含量

$$w_{Na_2CO_3} = \frac{c_{HCl} \times V_1 \times \frac{M_{Na_2CO_3}}{1000}}{m} \times 100\%$$

$$w_{NaHCO_3} = \frac{c_{HCl} \times (V_2 - V_1) \times \frac{M_{NaHCO_3}}{1000}}{m} \times 100\%$$

$$w_{Na_2O}=\frac{\frac{1}{2}c_{HCl}\times V\times\frac{M_{Na_2O}}{1000}}{m}\times 100\%$$

式中，c 为 HCl 的浓度；w 表示物质的百分含量；m 为碱灰质量(g)；V 为滴定时所用 HCl 的总体积。

2. 由 Na_2CO_3 和 NaOH 组成的混合碱

以上述同样方法进行测定，则 $V_1>V_2$，且 Na_2CO_3 消耗标准溶液的体积为 $2V_2$，NaOH 消耗 HCl 标准溶液的体积为(V_1-V_2)。

由以上讨论可知，若混合碱系由未知试样组成，则可根据 V_1 与 V_2 的数据，确定混合碱的组成，并计算出各组分的含量。

三、实验仪器和试剂

仪器：酸式滴定管。

试剂：碱灰试样、酚酞指示剂、溴甲酚绿-二甲基黄、HCl 标准溶液(0.1 mol/L)。

四、实验步骤

准确称取 0.20 g 碱灰试样，置于 250 mL 锥形瓶中，加 50 mL 蒸馏水使其溶解，然后加 2 滴酚酞指示剂，溶液呈红色。用 0.1 mol/L HCl 标准溶液滴定至无色，记录所用 HCl 的体积(V_1)。

注意：滴定时要逐滴滴加，并不断地摇动溶液以避免溶液局部酸过量。

思考题：局部酸过量会出现什么情况？

到达第一终点后向溶液中加 9 滴溴甲酚绿-二甲基黄指示剂，溶液呈绿色，继续用 HCl 溶液滴定至溶液呈亮黄色。记录第二次所用 HCl 的体积(V_2)。平行滴定三次，计算碱灰中碳酸钠、碳酸氢钠和总碱的含量。

五、数据记录

表 14-1　混合碱的滴定

记录项目		1	2	3
样品质量/g				
HCl 用量/mL	初始读数			
	第一终点读数			
	V_1			

续表

记录项目		1	2	3
HCl 用量/mL	第一终点读数			
	第二终点读数			
	V_2			
$w_{Na_2CO_3}$				
平均值				
w_{NaHCO_3}				
平均值				
w_{Na_2O}				
平均值				

六、实验习题

(1) 在计算总碱时，V 有几种求法？如果只要求测定总碱量，实验应如何操作？

(2) 测定某碱灰样品时，若分别出现 $V_1<V_2$，$V_1=V_2$，$V_1>V_2$，$V_1=0$，$V_2=0$ 等情况，说明样品的各组分是什么。

七、拓展知识

苏打与酒

碳酸氢钠俗称苏打，西方人习惯在喝酒的时候加适当的苏打水来调节酒的口感。例如威士忌加苏打水，威士忌的浓醇、馥郁配合苏打水的灵动、倔强，入口时，味蕾享受到的是一种前所未有的释放性乐趣，而整个人享受到的是一种前所未有的超然快感。

苏打酒属于另类酒，新西兰称为 RTD(ready-to-drink，意为随时随地可以饮用)，是苏打水的一种，是调和酒加入二氧化碳，产生类似香槟酒的气泡，酒精度很低，类似啤酒。

苏打酒保持了“酒”的特色，却与一般啤酒有着诸多不同。主要有以下几个方面：

(1) 在口感上的标新立异。口味类型可多样化，避免了一般啤酒在口感上近似单一化、差别不明显的特点。

(2) 在外形上的个性化。苏打酒往往在产品包装设计、外形识别上比一般啤酒更具个性和更显想象力。

(3) 苏打酒近似饮料，与啤酒相较其饮用后不易涨肚子，有效降低了喝啤酒带来的许多麻烦。

(4) 苏打酒使酒类产品消费群趋于扩大化，特别是女性，在充满个性和诱惑的苏打酒面前，她们不再像面对其他酒品一样矜持、羞涩和有所保留。

20 世纪 70 年代后期，受禁酒风潮影响，酒水销售受到打击。为避开禁酒管制，尤其不得向未成年人售卖酒水，欧洲有人将调和酒成功加入液态二氧化碳，生产出不同于啤酒、不同于汽水的低于法定酒度的含气泡的新型饮品并推向市场，结果广受欢迎，同时扩大了低度酒和饮料的市场，于是世界各国出现了各种品牌的苏打酒。苏打酒有不同的果味，稍甜又解暑解渴，加之很低的酒精度，男女老少皆宜。

(执笔：王福海；审定：覃松)

实验十五　化肥中含氮量的测定

一、实验目的

掌握碱式滴定管的使用方法；理解甲醛法测定氮含量的原理；掌握甲醛法在测定硫酸铵等氮肥中含氮量的应用。

二、实验原理

氮是各种肥料营养成分中对植物生长影响最大的元素。测定化肥中氮元素的含量对农业生产十分重要。铵盐是常用的氮肥，测定化肥中的氮含量，实际上是利用测定化肥中的铵含量达到测定氮含量的目的。

常见铵盐 NH_4Cl 和 $(NH_4)_2SO_4$ 是强酸弱碱盐，NH_4^+ 是弱酸($K_a = 5.6 \times 10^{-10}$)，因此可以利用酸碱滴定法来进行含量测定。但因为 $c \cdot K_a < 10^{-8}$，无法用 NaOH 标准溶液进行直接滴定，故采用间接法进行滴定。常用的间接滴定 NH_4^+ 的方法是甲醛法。

1. 滴定原理

反应原理：

$$4NH_4^+ + 6HCHO \rightleftharpoons (CH_2)_6N_4H^+ + 3H^+ + 6H_2O \qquad (15\text{-}1)$$

$$(CH_2)_6N_4H^+ + 3H^+ + 4OH^- = (CH_2)_6N_4 + 4H_2O \qquad (15\text{-}2)$$

通过反应(15-1)生成的 H^+ 和 $(CH_2)_6N_4H^+$ ($K_a = 7.1 \times 10^{-6}$)可用 NaOH 标准溶液滴定，滴定反应为反应(15-2)。

指示剂的选择：计量点时产物为 $(CH_2)_6N_4$，其水溶液显微碱性，可选用酚酞作指示剂。

2. 计量关系

由反应(15-1)和反应(15-2)，可得定量关系

$$n_N = n_{NH_4^+} = n_{OH^-} = n_{NaOH}$$

因此

$$w_N = \frac{(cV)_{NaOH} M_N \times 10^{-3}}{m_{(NH_4)_2SO_4}} \times 100\%$$

式中，c 为 NaOH 的浓度(mol/L)；V 为 NaOH 的体积(mL)；M_N 为 N 的摩尔质量(g/mol)；m 为 $(NH_4)_2SO_4$ 的质量(g)。

注意：①铵盐中常含有其他能与强碱反应的游离酸，需预先中和除去。②甲醛中常含有微量甲酸，也需中和除去后使之成为中性甲醛溶液。

三、仪器和试剂

仪器：电子天平、50 mL 碱式滴定管、250 mL 锥形瓶。

试剂：NaOH 标准溶液(0.10 mol/L)、甲醛(40%)、酚酞(2 g/L)、甲基红(1 g/L)、乙醇溶液。

四、实验步骤

铵盐的中和：准确称取 $(NH_4)_2SO_4$ 0.13～0.16 g 于 250 mL 锥形瓶中，加20～30 mL 水溶解，再加 1 滴甲基红指标剂，用 NaOH 标准溶液滴定至溶液呈橙色。

甲醛的中和：在 20 mL 甲醛溶液中，加 1 滴酚酞溶液，用 NaOH 标准溶液滴定至溶液呈淡红色。

在中和处理后的氨盐溶液中，加入 5 mL 中性甲醛溶液，再加 1～2 滴酚酞，摇匀，由于加入甲醛后，产生 $(CH_2)_6N_4H^+$ 和 H^+，溶液颜色变为红色。

思考题：加入甲醛溶液的目的是什么？溶液的颜色怎么变化？为什么？

静置 2 min 后，用 NaOH 标准溶液滴定，随着滴定的进行，溶液由红色变为橙色，最后溶液呈淡红色且半分钟不褪色时为滴定终点，平行测定三份。

思考题：静置 2 min 的目的是什么？在实验进行的这一阶段，溶液的颜色为什么由红色变为橙色，再变为淡红色？

计算试样中的含氮量(w_N)及相对平均偏差。

五、数据记录和处理

表 15-1　含氮量的测定

样品编号	1	2	3
$m_{(NH_4)_2SO_4}$			
V_{NaOH} 初读数/mL			
V_{NaOH} 终读数/mL			
V_{NaOH} /mL			
$w_N = \frac{(cV)_{NaOH}M_N \times 10^{-3}}{m_{(NH_4)_2SO_4}} \times 100\%$			
$\bar{w}_N$			
偏差			
平均偏差			

六、安全注意事项

甲醛有毒且易挥发,应减少在空气中暴露的机会。

七、实验习题

(1) 铵盐中氮的测定为何不采用 NaOH 直接滴定法?

(2) 为什么中和甲醛试剂中的甲酸以酚酞作指示剂,而中和铵盐试样中的游离酸则以甲基红作指示剂?

(3) NH_4NO_3、NH_4HCO_3 中含氮量的测定,能否用甲醛法?

八、拓展知识

(1) 甲醛法可用于测定饲料中的粗蛋白。使用该方法的原理是将饲料进行有机分解时,蛋白质及有机氮化合物的氮形成铵盐,铵盐中 NH_4^+ 的酸性太弱($K_a = 5.6\times10^{-10}$),因此采用间接法进行滴定。

(2) 甲醛法还可用于测定六氨氯化镁($MgCl_2 \cdot 6NH_3$)中氨的含量。六氨氯化镁溶解于水溶液中后产生 NH_4^+,NH_4^+ 与甲醛生成 H^+ 和$(CH_2)_6N_4H^+$ 后再用 NaOH 溶液进行准确滴定。

(3) 化肥中的氮含量的测定除用甲醛法外,还可采用凯氏定氮法。

凯氏定氮法原理是在有催化剂的条件下,用浓硫酸消化样品,将有机氮都转变成无机铵盐,然后在碱性条件下将铵盐转化为氨,随水蒸气馏出并被过量的酸液吸收,再以标准碱滴定,就可计算出样品中的氮含量。

凯氏定氮法适用于无机、有机物质氮含量的测定,测定过程较为繁琐,但现已有成套设备完成样品消化后的工作步骤。

(执笔:卓莉;审定:覃松)

实验十六　四氧化三铅组成的测定

一、实验目的

了解测定 Pb_3O_4 组成的方法，练习碘量法操作，学习用 EDTA 法测定溶液中的金属离子。

二、实验原理

Pb_3O_4 为红色粉末状固体，俗称铅丹。该物质为混合价态氧化物，其化学式可写成 $2PbO \cdot PbO_2$，即式中氧化数为 +2 的 Pb 占 2/3，而氧化数为 +4 的 Pb 占 1/3。根据其结构，Pb_3O_4 应为铅酸盐 Pb_2PbO_4。

要测定混合物各组分的含量，首先要对各组分进行分离，然后采用相应的方法对各组分进行测定。本实验先用 HNO_3 将 Pb_3O_4 分解成 Pb^{2+} 和 PbO_2，后过滤分离，再分别进行测定。

1. 分离

利用 HNO_3 将 Pb_3O_4 分解成 Pb^{2+} 和 PbO_2。反应式：

$$Pb_3O_4 + 4HNO_3 \xlongequal{\quad} PbO_2 + 2Pb(NO_3)_2 + 2H_2O$$

离心分离得 Pb^{2+} 溶液和 PbO_2 沉淀。

2. 测定

(1) Pb^{2+} 的测定：用 EDTA 标准溶液滴定。反应式：

$$Pb^{2+} + H_2Y^{2-} \xlongequal{\quad} PbY^{2-} + 2H^+$$

计量关系：

$$n_{PbO} = c_{EDTA}V_{EDTA}$$

滴定条件：因滴定过程中溶液的酸度增大，这样对指示剂选择不利，因此为了使溶液的酸度保持在一定范围内，必须选择适合的缓冲溶液。本实验选六亚甲基四胺(20%)和氨水的混合液作缓冲溶液，保持溶液的 pH 在 5～6。

指示剂的选择：根据上述滴定条件，本实验选二甲酚橙作指示剂。

滴定终点溶液颜色的变化：紫红色→亮黄色。

(2) PbO_2的测定：用碘量法测定。反应式：

$$PbO_2 + 4I^- + 4HAc \xlongequal{} PbI_2 + I_2 + 2H_2O + 4Ac^-$$
$$2Na_2S_2O_3 + I_2 \xlongequal{} 2NaI + Na_2S_4O_6$$

计量关系：

$$n_{PbO_2} = \frac{1}{2}c_{Na_2S_2O_3}V_{Na_2S_2O_3}$$

滴定条件：①要加入过量的碘化钾；②间接碘量法要求溶液在弱酸或中性条件下进行，需加入一定量的缓冲溶液控制溶液的酸度。本实验采用 HAc-NaAc 作缓冲溶液。

指示剂的选择：淀粉溶液。

滴定终点溶液颜色的变化：蓝色→无色。

三、实验仪器和试剂

仪器：分析天平、台秤、称量瓶、干燥器、量筒(10 mL，100 mL)、烧杯(50 mL)、锥形瓶(250 mL)、加压过滤装置(吸滤瓶、布氏漏斗、真空泵、滤纸)、酸式滴定管(50 mL)、碱式滴定管(50 mL)、洗瓶、滤纸、pH 试纸。

试剂：Pb_3O_4(s)、KI(s)、HNO_3(6 mol/L)、$Na_2H_2Y \cdot 2H_2O$(s)、NaAc-HAc(1∶1 混合液)、$Na_2S_2O_3 \cdot 5H_2O$(s)、$NH_3 \cdot H_2O$(1∶1)、六亚甲基四胺(20%)、淀粉(2%)、二甲酚橙指示剂。

四、实验步骤

1. Pb_3O_4分解

用差减法准确称取干燥的 Pb_3O_4 0.500 g 于 50 mL 烧杯中，同时加入2 mL 6 mol/L HNO_3溶液，用玻璃棒搅拌，使之充分反应，可以看到红色的Pb_3O_4很快变为棕黑色的 PbO_2。减压过滤将反应产物进行固液分离，用蒸馏水少量多次洗涤固体，保留滤液及固体供后续实验用。

2. PbO 含量测定

把上述滤液全部转入锥形瓶中，加入 4～6 滴二甲酚橙指示剂，并逐滴加入1∶1 的氨水，至溶液由黄色变为橙色，再加入 20%的六亚甲基四胺至溶液呈稳定的紫红色(或橙红色)，再过量 5 mL，此时溶液的 pH 为 5～6。然后以 EDTA 标准液滴定，溶液由紫红色变为亮黄色时，即为终点。记下所消耗 EDTA 溶液的体积。

3. PbO_2含量测定

将上述固体 PbO_2连同滤纸一并置于另一锥形瓶中，往其中加入 30 mL HAc 与

NaAc 混合液，再向其中加入 0.8 g 固体 KI，摇动锥形瓶，使 PbO_2 全部反应而溶解，此时溶液呈透明棕色。以 $Na_2S_2O_3$ 标准溶液滴定至溶液呈淡黄色时，加入1 mL 2% 淀粉液，继续滴定至溶液蓝色刚好褪去为止，记下所消耗 $Na_2S_2O_3$ 溶液的体积。

五、数据处理

表 16-1　滴定数据处理

内容		编号		
		1	2	3
消耗 $Na_2S_2O_3$（或 EDTA）	初读数 V/mL			
	终读数 V/mL			
	净用量 V/mL			
PbO_2 的含量（或 PbO）				
平均含量				
偏差				
平均偏差				

$$w_{PbO} = \frac{c_{EDTA}V_{EDTA}M_{PbO}}{m} \times 100\%$$

$$w_{PbO_2} = \frac{c_{Na_2S_2O_3}V_{Na_2S_2O_3}M_{PbO_2}}{2m} \times 100\%$$

二价铅与四价铅物质的量比为

$$n_{PbO} : n_{PbO_2} = 2 : 1$$

$$w_{Pb_3O_4} = \frac{c_{EDTA}V_{EDTA}M_{PbO} + \frac{1}{2}c_{Na_2S_2O_3}V_{Na_2S_2O_3}M_{PbO_2}}{m} \times 100\%$$

六、实验习题

（1）能否加其他酸如 H_2SO_4 或 HCl 溶液使 Pb_3O_4 分解？为什么？

（2）PbO_2 氧化 I^- 需在酸性介质中进行，能否加 HNO_3 或 HCl 溶液代替 HAc？为什么？

（3）从实验结果分析产生误差的原因。

（4）自行设计另外一个实验，测定 Pb_3O_4 的组成。

七、拓展知识

碘量法的基本原理

碘量法是以碘作为氧化剂，或以碘化物（如碘化钾）作为还原剂进行滴定的方法，分为直接碘量法和间接碘量法，而间接碘量法又分为剩余碘量法和置换碘量法。

1. 直接碘量法

直接碘量法是用碘滴定液直接滴定还原性物质的方法。在滴定过程中，I_2被还原为I^-：

$$I_2 + 2e^- = 2I^-$$

直接碘量法只能在酸性、中性或弱碱性溶液中进行，如果溶液 pH>9，可发生副反应使测定结果不准确。

直接碘量法可用淀粉指示剂指示终点。淀粉遇碘显蓝色，反应极为灵敏。化学计量点稍后，溶液中有过量的碘，碘与淀粉结合显蓝色而指示终点到达。

直接碘量法还可利用碘自身的颜色指示终点，化学计量点后，溶液中稍过量的碘显黄色而指示终点。

2. 剩余碘量法

剩余碘量法是在供试品(还原性物质)溶液中先加入定量、过量的碘滴定液，待I_2与测定组分反应完全后，用硫代硫酸钠滴定液滴定剩余的碘，以求出待测组分含量的方法。滴定反应为

$$I_2(\text{过量}) \longrightarrow 2I^-$$

$$I_2(\text{剩余}) + 2S_2O_3^{2-} = S_4O_6^{2-} + 2I^-$$

使用剩余碘量法时，用淀粉作指示剂。淀粉指示剂应在近终点时加入，因为当溶液中有大量碘存在时，碘易吸附在淀粉表面，影响终点的正确判断。

3. 置换碘量法

置换碘量法是先在供试品(氧化性物质)溶液中加入碘化钾，供试品将碘化钾氧化析出定量的碘，再用硫代硫酸钠滴定液滴定碘，从而可求出待测组分含量。滴定反应为

$$2I^- \longrightarrow I_2$$

$$I_2 + 2S_2O_3^{2-} = S_4O_6^{2-} + 2I^-$$

(执笔：王福海；审定：覃松)

实验十七　蒸馏及乙醇沸点的测定

一、实验目的

了解几种常见蒸馏装置的原理及应用；熟悉常压蒸馏和测定沸点的原理；了解蒸馏和测定沸点的意义；掌握蒸馏和测定乙醇沸点的要领和方法。

二、实验原理

液体的纯化、分离及溶剂的回收经常采用蒸馏的方法来完成。常用的蒸馏操作有常压蒸馏、减压蒸馏和水蒸气蒸馏三种。

1. 常压蒸馏

液体分子由于分子运动从表面逸出，进而在液面上部形成蒸气，此过程称为蒸发。蒸发随着温度的升高而加剧。

蒸气回到液体的过程称为凝聚。凝聚随着温度的升高而减弱。

当蒸发和凝聚的速度相等时，液面上的蒸气达到饱和，称为饱和蒸气。饱和蒸气对液面所施加的压力称为饱和蒸气压。实验证明，液体的蒸气压只与温度有关，即液体在一定温度下具有一定的蒸气压。

当液体的蒸气压增大到与外界施于液面的总压力（通常是大气压力）相等时，就有大量气泡从液体内部逸出，即液体沸腾，这时的温度称为液体的沸点。纯粹的液体化合物在一定的压力下具有一定的沸点（沸程 0.5～1.5℃）。利用这一点，可以测定纯液体的沸点。

将液体化合物加热到沸腾状态，使液体变成蒸气，又将蒸气冷凝为液体的过程称为蒸馏。通过蒸馏可除去不挥发性杂质，可分离沸点差大于 30 ℃的液体混合物，还可以测定纯液体化合物的沸点及定性检验液体化合物的纯度。

为了消除在蒸馏过程中的过热现象和保证沸腾的平稳状态，常加入素烧瓷片或沸石，或一端封口的毛细管，因为它们都能防止加热时的暴沸现象，故把它们称为止暴剂或助沸剂。在加热蒸馏前就应加入止暴剂。

注意：如果加热前忘了添加止暴剂，应立即停止加热并待液体稍冷后再加入止暴剂。若在液体沸腾时投入止暴剂，将会引起猛烈的暴沸，液体会冲出瓶口，若是易燃的液体，将会引起火灾，所以应使沸腾的液体冷却至沸点以下后才能加入止暴剂。如果蒸馏中途停止，而后需要继续蒸馏，也必须在加热前添加新的止暴剂才安全。

用蒸馏法测定沸点称为常量法，此法用量较大，要求预测物质在 10 mL 以上，若量太小，可以用微量法测定。

1）蒸馏装置

常用蒸馏装置由气化、冷凝和接收三部分组成，见图 17-1。

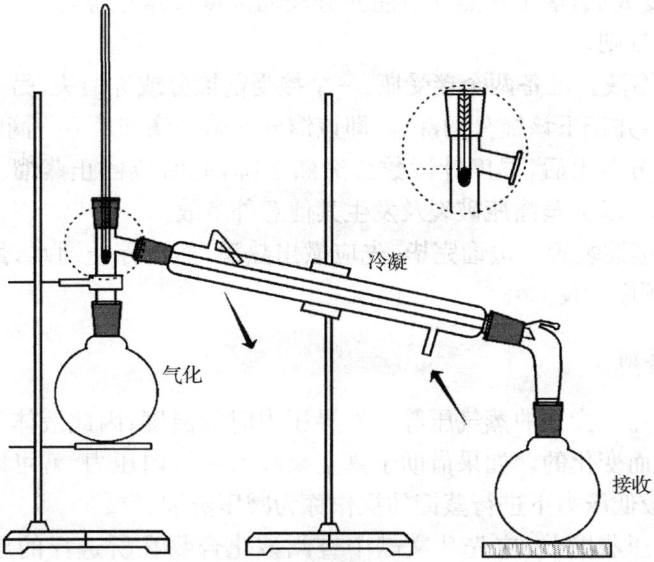

图 17-1　蒸馏装置

(1) 蒸馏瓶。蒸馏瓶的选用与被蒸液体量的多少有关，通常装入液体的体积应为蒸馏瓶容积的 1/3～2/3。液体量过多或过少都不宜。在蒸馏低沸点液体时，选用长颈蒸馏瓶；在蒸馏高沸点液体时，选用短颈蒸馏瓶。

(2) 温度计。温度计应根据被蒸馏液体的沸点来选择，低于 100 ℃，可选用 100 ℃温度计；高于 100 ℃，应选用 250～300 ℃水银温度计。

(3) 冷凝管。冷凝管可分为水冷凝管和空气冷凝管两类：水冷凝管用于沸点低于 140 ℃被蒸液体；空气冷凝管用于沸点高于 140 ℃被蒸液体。

(4) 尾接管及接收瓶。尾接管将冷凝液导入接收瓶中。常压蒸馏选用锥形瓶为接收瓶，减压蒸馏选用圆底烧瓶为接收瓶。

(5) 仪器安装顺序：先下后上，先左后右。拆卸仪器与其顺序相反。

2）实验操作

(1) 加料。将待蒸乙醇 40 mL 小心倒入蒸馏瓶中，不要使液体从支管流出。加入几粒沸石。塞好带温度计的套管，注意温度计的位置。再检查一次装置是否稳妥与严密。

(2) 加热。先打开冷凝水龙头，缓缓通入冷水，然后开始加热。注意冷水自下而上，蒸气自上而下，两者逆流冷却效果好。当液体沸腾，蒸气到达水银球部位时，温度计读数急剧上升，调节热源，让水银球上液滴和蒸气温度达到平衡，控制蒸馏速度以每秒 1～2 滴为宜。此时温度计读数就是馏出液的沸点。

蒸馏时若热源温度太高，会使蒸气成为过热蒸气，造成温度计所显示的沸点偏高；若热源温度太低，馏出物蒸气不能充分浸润温度计水银球，造成温度计读得的沸点偏低或不规则。

(3) 收集馏液。准备两个接受瓶，一个接受前馏分或称馏头，另一个(需称量)接受所需馏分，并记下该馏分的沸程，即该馏分的第一滴和最后一滴时温度计的读数。在所需馏分蒸出后，温度计读数会突然下降，此时应停止蒸馏。即使杂质很少，也不要蒸干，以免蒸馏瓶破裂及发生其他意外事故。

(4) 拆除蒸馏装置。蒸馏完毕，先应撤出热源，然后停止通水，最后拆除蒸馏装置(与安装顺序相反)。

2. 减压蒸馏

液体的沸点是指它的蒸气压等于外界压力时的温度，因此液体的沸点是随外界压力的变化而变化的。如果借助于真空泵降低系统内压力，就可以降低液体的沸点，这种在较低压力下进行蒸馏的操作称为减压蒸馏。

在进行减压蒸馏前，应先从文献中查阅该化合物在所选择的压力下的相应沸点。

一般把压力范围划分为几个等级：①"粗"真空[1.333～100 kPa(10～760 mmHg)]，一般可用水泵获得；②"次高"真空[0.133～133.3 Pa(0.001～1 mmHg)]，可用油泵获得；③"高"真空[$<$0.133 Pa($<10^{-3}$ mmHg)]，可用扩散泵获得。

减压蒸馏的应用范围：用于分离和提纯高沸点液体物质，以及在常压下蒸馏往往发生分解、氧化或聚合的液体物质。

1) 减压蒸馏装置

常用的减压蒸馏系统可分为蒸馏、抽气以及保护和测压装置三部分，见图 17-2。

(1) 蒸馏部分。这一部分与普通蒸馏相似，由减压蒸馏瓶、毛细管、温度计及冷凝管、接受器等组成。

减压蒸馏瓶(克氏蒸馏瓶)有两个颈，其目的是避免减压蒸馏时瓶内液体由于沸腾而冲入冷凝管中，瓶的一颈中插入温度计，另一颈中插入一根距瓶底 1～2 mm、末端拉成毛细管的玻璃管(6 mm)。毛细管的上端连有一段带螺旋夹的橡皮管，螺旋夹用以调节进入空气的量，使极少量的空气进入液体，呈微小气泡冒出，作为液体沸腾的气化中心，使蒸馏平稳进行，又起搅拌作用。

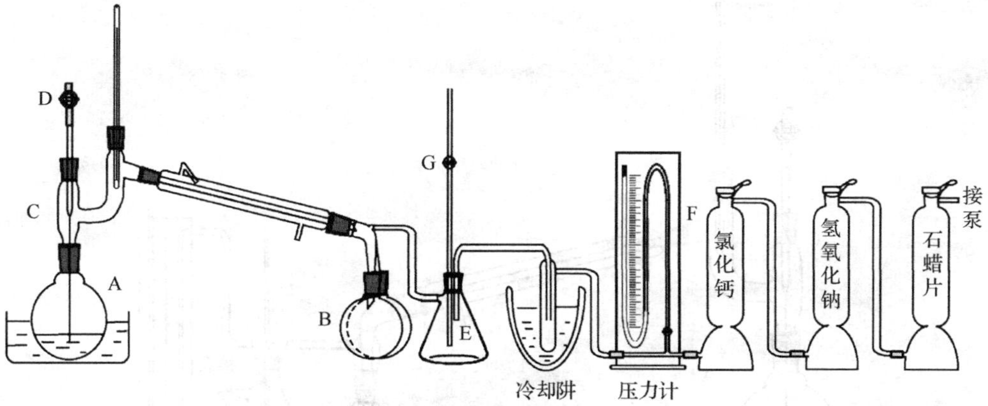

图 17-2　减压蒸馏装置

注意：蒸馏时，若要收集不同的馏分而又不中断蒸馏，则可用两尾或多尾接液管。转动多尾接液管，就可使不同的馏分进入指定的接受器中。

(2) 抽气部分。实验室通常用水泵或油泵进行减压。

水泵(水循环泵)：如不需要很低的压力时可用水泵，其抽空效率可达 1067～3333 Pa(8～25 mmHg)。用水泵抽气时，应在水泵前装上安全瓶，以防水压下降时水流倒吸。停止蒸馏时要先放气，然后关水泵。

油泵：油泵的效能取决于油泵的机械结构以及真空泵油的优劣。好的油泵能抽至真空度为 133.3 Pa 以下。油泵结构较精密，工作条件要求较严。蒸馏时，如果有挥发性的有机溶剂、水或酸的蒸气，都会损坏油泵及降低其真空度。

使用油泵时必须注意：在蒸馏系统和油泵之间，必须装有吸收装置；蒸馏前必须用水泵彻底抽去系统中的有机溶剂蒸气；如果能用水泵减压蒸馏的物质则尽量使用水泵；如蒸馏物中含有挥发性杂质，可先用水泵减压抽除，然后改用油泵。

(3) 保护和测压装置部分。

使用水泵减压时，必须在馏液接受器与水泵之间装上安全瓶，安全瓶由耐压的抽滤瓶或其他广口瓶装置而成，瓶上的两通活塞用来调节系统内压力及防止水压骤然下降时水泵的水倒吸入接受器中，见图 17-3。

若使用油泵，还必须在馏液接受器与油泵之间顺次安装冷阱和几个吸收塔。冷阱中冷却剂的选择随需要而定。吸收塔(干燥塔)通常设三个：第一个装无水 $CaCl_2$ 或硅胶，吸收水汽；第二个装粒状 NaOH，吸收酸性气体；第三个装切片石蜡，吸收烃类气体。

实验室通常利用水银压力计来测量减压系统的压力。水银压力计分为开口式水银压力计、封闭式水银压力计。

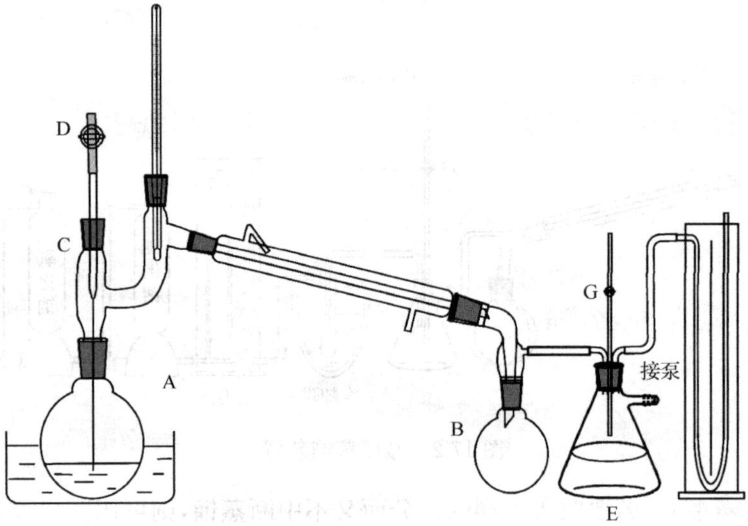

图 17-3 减压蒸馏装置(接水泵)

2) 实验操作

(1) 检查气密性。旋紧毛细管上的螺旋夹 D,打开安全瓶上的二通活塞 G,然后开启减压泵。逐渐关闭 G,减压至压力稳定后,折叠连接系统的橡皮管,观察压力计水银柱是否有变化,若无变化说明不漏气。如漏气,应检查装置中各部分的塞子和橡皮管的连接是否紧密,必要时可用熔融的石蜡密封。磨口仪器可在磨口接头的上部涂少量真空油脂进行密封(密封应在解除真空后才能进行)。检查完毕后,缓慢打开安全瓶的二通活塞 G,使系统与大气相通,压力计缓慢复原,关闭减压泵停止抽气。

(2) 加料、调节空气量和真空度。将待蒸馏液装入蒸馏烧瓶中,以不超过其容积的 1/2 为宜。旋紧毛细管上的螺旋夹 D,开启减压泵,慢慢关闭安全瓶上的二通活塞至完全,调节毛细管倒入的空气量,以连续冒出一连串小气泡为宜。缓慢调节安全瓶上的二通活塞,使系统达到所需压力并稳定。

(3) 加热蒸馏。通入冷凝水,开始加热蒸馏。待液体开始沸腾时,调节热源的温度。控制馏出速度为每秒 1～2 滴,收集馏分。当温度上升至超过所需范围,或蒸馏瓶中仅残留少量液体时,停止蒸馏。

(4) 结束操作。蒸馏完毕时,应先移去热源,缓慢旋松螺旋夹(防倒吸),待稍冷后缓慢打开安全瓶上的活塞,解除真空,关闭减压泵。

3. 水蒸气蒸馏

在难溶或不溶于水的有机物中通入水蒸气或与水一起共热,使有机物随水蒸气一起蒸馏出来，这种操作称为水蒸气蒸馏。

水蒸气蒸馏是分离和提纯固态或液态有机化合物的常用方法，水蒸气蒸馏常用于几种情况：在常压下蒸馏易发生分解的高沸点有机物；混合物中含有大量树脂状杂质或不挥发性杂质，采用蒸馏萃取等方法都难于分离的；从较多固体反应物中分离出被吸附的液体。

被提纯物质必须具备以下条件：不溶或难溶于水；与水一起沸腾时不发生化学变化；在 100 ℃左右该物质蒸气压在 5～10 mmHg(666.5～1333 Pa)以上。

当有机物与水一起共热时，根据分压定律，整个系统的蒸气压应为各组分蒸气压之和，即

$$p = p_{H_2O} + p_A$$

式中，p 为蒸气总压；p_{H_2O}为水蒸气压；p_A为与水不相溶物质或难溶物质的蒸气压。

当总蒸气压与大气压力相等时，则液体沸腾。混合物的沸点低于任何一个组分的沸点，即有机物可在比其沸点低得多的温度且在低于 100 ℃的温度下随蒸气一起蒸馏出来。

1) 水蒸气蒸馏装置

常用水蒸气蒸馏装置由水蒸气发生器、蒸馏部分、冷凝部分和接受器组成，见图 17-4。

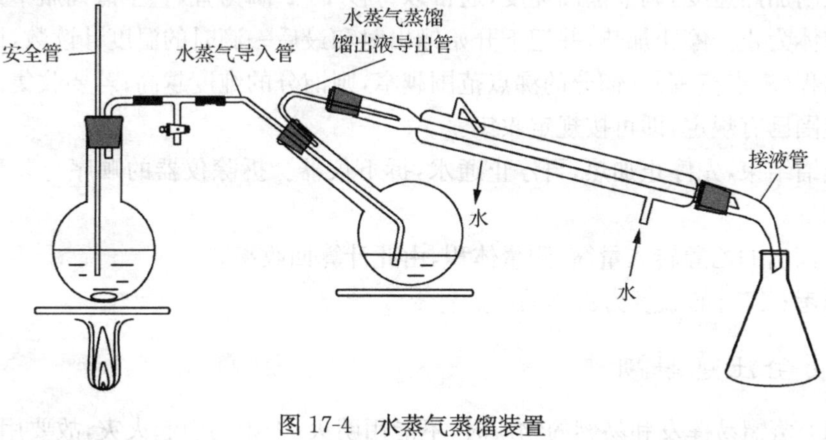

图 17-4　水蒸气蒸馏装置

2) 实验操作

(1) 加料。在水蒸气发生器(圆底烧瓶)中加入约占容器容积 3/4 的水，并加入两三粒沸石。在蒸馏部分(圆底烧瓶)中加入适量药品。

(2) 安装仪器。注意：安装顺序为从下到上，从左到右。检查装置是否漏气。

(3) 先打开 T 形管处的螺旋夹，加热水蒸气发生器至沸腾，当有大量水蒸气产生并从 T 形管冲出时，立即旋紧螺旋夹，水蒸气进入蒸馏部分，开始蒸馏。

(4) 蒸馏速度控制在2～3滴/秒为宜(一般不做要求)。

(5) 当馏液澄清透明、不再有油状物时,即可停止蒸馏。方法是先打开螺旋夹,然后停止加热,将馏液倒入分液漏斗中,静置,分液,量取体积。

三、实验仪器及试剂

仪器:磁力加热搅拌器、圆底烧瓶、蒸馏头、温度计、直形冷凝管、尾接管、接受器、量筒。

试剂:工业乙醇(95%)。

四、实验操作

按图17-1装置图安装好仪器,量取30 mL工业乙醇,通过玻璃漏斗转入蒸馏瓶中,加几粒沸石,插上温度计,通冷凝水后,加热。

思考: 以上操作次序能否变换?会导致什么后果?

当液体沸腾后,蒸气达到温度计水银球时,温度计读数急剧上升。这时应当调小火焰,减慢加热速度,让水银球上液滴和蒸气温度达到平衡,温度计读数稳定。然后再稍稍加大火焰,进行蒸馏。

思考: 为什么要使水银球上液滴和蒸气温度达到平衡?

控制加热速度,调节蒸馏速度,通常以每秒1～2滴为宜,直至蒸馏瓶中只剩下少量液体为止。停止加热,并记下开始馏出时和最后一滴时的温度计读数,即该馏分的沸程(沸点范围)。馏分的沸点范围越窄,则馏分的纯度越高;若要收集馏分的沸点范围已有规定,即可按规定收集。

蒸馏结束,先停止加热,再停止通水,拆下仪器。拆除仪器的顺序与装配仪器顺序相反。

将馏出的乙醇转入量筒,测量体积,由此计算回收率。

思考: 何时的温度为乙醇的沸点?

五、安全注意事项

(1) 蒸馏易挥发和易燃的物质时,不能用明火,否则易引起火灾,故要用热浴。

(2) 在蒸馏前应加入止暴剂,防止暴沸伤人。

(3) 蒸馏液体的沸点在140 ℃以上时,若用水冷凝管冷凝,水冷凝管内外温差增大,在冷凝管接头处容易炸裂,故应用空气冷凝管。

六、实验习题

(1) 在蒸馏装置中,温度计水银球应插在什么位置?为什么?

(2) 待蒸馏液倾入蒸馏烧瓶中时，如果不使用漏斗，应该怎样操作？

(3) 如果加热后忘记加止暴剂，应如何正确处理？

(4) 当加热后有馏出液出来时，才发现冷凝管未通水，问能否马上通水？如果不行，应怎么办？

(5) 若将冷凝水方向反过来，结果会怎样？为什么？

七、拓展知识

家庭白酒酿造法

(1) 购置能储放 10～20 斤①容量的泡菜坛一个。

(2) 用清水洗净坛子，晾干，在发酵前烫一下或用酒精消毒。

(3) 洗米。安琪甜酒曲一包 8 g，每包可做 4～5 斤糯米或大米，可根据所需量洗米。

(4) 泡米。糯米洗净后泡 16～24 h，浸泡至可用手碾碎即可。大米不用浸泡，洗净即可。

(5) 蒸饭。用微波炉法制作酒饭，效果不错。将大米或泡过的糯米或其他粮食淘洗干净，放入微波炉专用饭锅(装满 2/3)，按 1∶0.5(1 斤米∶半斤水)比例加入矿泉水(散装的)或自来水，一般水超过米 1 cm 左右就可以。设定时间 20 min，调节火力为 80%，按“开始”，微波炉报警后略等 10 min，然后将饭取出并摊开晾凉，紧接着蒸第二锅、第三锅……直到全部蒸完饭。

(6) 将蒸熟的酒饭彻底晾凉，用手摸至感觉不到热为止，否则容易将酒曲烫死。

(7) 拌酒曲。用一个烫过或酒精消过毒的干净盆，将凉透的酒饭用适量冷开水打散，撒曲拌匀。如果太干，可多加一些冷开水，但所有操作过程中绝对不能流入生水和油。

(8) 酒饭入坛。先在消过毒的坛底撒一些酒曲，然后将拌匀酒曲的酒饭倒入坛中，在倒入过程中也可在中间再撒一些酒曲。用消过毒的手或勺子将酒饭压实，中间掏一个洞(酒窝)，把最后剩下的酒曲倒在表面和酒窝中。

(9) 发酵糖化。酒饭入坛后，将坛口用碗盖住封口，用冷开水将坛口封住，若室内温度为 20℃左右，过三天就差不多发好了，此时打开碗口，可看到酒窝中有酒水，如果一转动坛子，酒饭可在坛中转动，即为接种发酵糖化成功，此为固体发酵，

① 斤，质量单位，1 斤=0.5 kg。

也就是我们平常吃的醪糟，这称为一次发酵，也就是发酵糖化，即把大米中的淀粉转化为单糖、葡萄糖，如果吃醪糟，此时就可以吃了，如果做白酒还要经过二次液体发酵。

(10) 干酵母的复水活化。方法是：干酵母的加入量为米的 0.12%，即 500 g 米用 0.6 g 干酵母。加法是用杯子盛 30 ℃左右的温水，内加少许白糖，再把称好的干酵母加入其中，用筷子搅拌使其沉入水中，放置几分钟后，杯中开始泛起小泡后便倒入矿泉水或凉开水中，然后搅拌均匀。干酵母是用副食商店购买做馒头用的干酵母，作发酵剂用，把单糖、葡萄糖转化为乙醇，也就是酒精。

(11) 二次发酵。将复水活化的干酵母按 1 斤米加 2 斤矿泉水或凉开水的比例加入发酵坛中，再次将封口碗盖好，并用冷开水将坛口密封，进入主发酵过程，约 3 周左右即可完成发酵过程，准备蒸馏，注意坛中必须保持干净，绝对不能让生水和油流入。

(12) 蒸馏。蒸馏采取液态法蒸馏，将发酵料用过滤网过滤，液体部分进行蒸馏，固体部分仍然可以当醪糟吃。

(13) 蒸馏采用冷凝法。加热设备是电磁炉、天然气炉或煤炉，锅是 28 cm 的不锈钢压力锅或其他压力锅，连接管是硅胶管，冷凝器是螺旋铜管。硅胶管可在化工玻璃仪器商店买直径 6～9 mm 的医用硅胶管，每米约 8.5 元，1 m 左右就够了。将硅胶管一分为二，一条一头接高压锅出气口，另一头接冷凝器的螺旋铜管；另一条一头接冷凝器的螺旋铜管，另一头接盛酒的容器。冷凝器的螺旋铜管可自制。先在制冷设备商店买一段直径 6～9 mm 的铜管，每米约 10 元，1 m 左右就够了，然后用手工弯成一个直径约 40 mm 的螺旋铜管。将以上设备连接好后，将冷凝器的螺旋铜管放在一个盛满冷水的盆中，就可以开始蒸馏了。最好准备两盆冷水，当一盆水烫手时，马上将冷凝器放入另一盆冷水中，交替冷却。

(14) 出酒。蒸馏时先用大火烧开，沸腾后改用中火，很快酒就源源不断地蒸出来了，这时可用一个玻璃试管接一些酒，用酒精计测量酒精度。酒精计可在玻璃化工仪器商店买到，简装的约 15 元一套，精装的约 20 元一套。当酒精度接近 0 度时，蒸馏就结束了。这时容器中的酒约为 20 度。

(15) 高度酒。一般一次蒸馏完约为 20 度，二次蒸馏完约为 40 度，三次蒸馏完为 50～70 度，可根据所需要的酒的度数，决定蒸馏的次数。也可以将度数高的头酒直接接出存放，只蒸馏后面度数低的酒，这样可减少蒸馏次数。

(16) 陈酿。刚蒸馏出的酒一般比较烈，口感不太好，如果能放置一段时间，酒会柔和一些，所以建议最好将酒放置一段时间再喝，这样口感会好一些。

图 17-5 是四川成都水井街酒坊遗址，它的考古发掘在我国传统酒文化的研究上获得了重大的收获，填补了我国古代酒坊遗址、酿酒工艺等方面的考古空白。

图 17-5　四川成都水井街酒坊遗址

（执笔：周文俊；审定：王碧）

实验十八　薄层色谱法分离有机化合物

一、实验目的

学习薄层色谱法分离有机化合物的原理；掌握薄层色谱法分离有机化合物的方法。

二、实验原理

色谱分离技术又称层析分离技术或色层分离技术，是20世纪初在研究植物色素时发现的一种分离分析方法，借以分离和鉴定一些结构和性质相近的有机有色物质。

采用色谱分离技术能够实现一般方法难以分离的有机化合物的分离提纯，以及定性鉴别和定量分析，同时还能用于化合物纯度的鉴定和化学反应进程的追踪。与经典的分离提纯手段相比，色谱法具有高效、灵敏、准确及简便等特点，已广泛用于有机化学、生物化学的科学研究和有关的化工领域。

按照操作条件不同，色谱分离分为柱色谱、纸色谱、薄层色谱、气相色谱及高效液相色谱等；按照操作原理不同，色谱分离又可分为吸附色谱、分配色谱、凝胶色谱和离子交换色谱，见表18-1。

表18-1　常用色谱法的分类

分类	流动相	固定相	分离原理	主要应用
气相色谱(GC)	气体	吸附剂 固定液	吸附与分配	快速分离分析微量气体、液体、固体，跟踪反应
液相色谱(LC)	液体	吸附剂 固定液	吸附与分配	快速分离和纯化含有各类官能团的有机化合物，效能高、灵敏度高
柱色谱	液体	吸附剂 固定液 树脂 凝胶	吸附与分配，离子交换，凝胶渗透	分离和纯化含有各类官能团的有机化合物，离子型化合物
薄层色谱(TLC)	液体	吸附剂 固定液	吸附与分配，离子交换	分离和纯化不易挥发的固体和液体等，跟踪反应
纸色谱	液体	水 固定液	分配	主要用于氨基酸、染料分析

色谱分离法的基本原理是利用混合物各组分在固定相和流动相中分配平衡常数的差异。当两相做相对运动时，这些物质随流动相一起运动，由于固定相对各组分的吸附或溶解性能不同，吸附力较弱或溶解度较小的组分在固定相中移动速度较快，在两相间进行反复多次分配，从而使各物质达到分离。

薄层色谱法(thin layer chromatography，TLC)是一种微量、快速、简便的色谱方法，可用于分离混合物、定性分析、精制化合物或者跟踪反应进程(看有没有新物质产生或者副产物产生，或者反应是否进行完全)。它具有展开时间短、分离效果高、需要样品少等特点。特别适用于挥发性较小或在较高温度下易发生变化而不能用气相色谱分析的物质。

常用的薄层色谱有吸附色谱(常用硅胶和氧化铝作吸附剂)和分配色谱(常用硅藻土和纤维素为支持剂)。由于层析是在薄层板上进行，故称为薄层层析。

最典型的是在干净的玻璃板(10 cm×3 cm)上均匀铺上一层吸附剂，待干燥、活化后制备得到薄层板后，将样品溶液用管口平整的毛细管滴加于离薄层板一端约 1 cm 处的起点线上，晾干或吹干后置于盛有展开剂的展开槽中，浸入深度为 0.5 cm 左右。待展开剂前沿离顶端约 1 cm 时，将薄层板取出，晾干后喷上显色剂，或者紫外灯下显色，测定色斑位置，记录原点至主斑点中心及展开剂前沿的距离，计算比移值(R_f)：

$$R_f = \frac{\text{溶质的最高浓度中心至原点中心的距离}}{\text{溶剂前沿至原点中心的距离}}$$

良好的分离 R_f 值应保持在 0.15～0.75，同时应保证化合物的比移值差值 ΔR_f 大于 0.2，否则应该更换展开剂重新展开。

1. 吸附剂

最常用于薄层吸附色谱的吸附剂是氧化铝和硅胶。

1) 硅胶

硅胶是无定形多孔性物质，略带酸性，适用于酸性物质的分离和分析。常用的商品薄层层析用硅胶为：硅胶 H——不含黏合剂和其他添加剂的层析用硅胶；硅胶 G——含煅石膏($2CaSO_4 \cdot H_2O$)黏合剂，标记 G 代表石膏(gypsum)；硅胶 HF_{254}——含荧光物质，可用于波长 254 nm 紫外光下观察荧光；硅胶 GF_{254}——含煅石膏、荧光物质的层析用硅胶。

2) 氧化铝

氧化铝极性比硅胶大，适用于分离极性较小的化合物(烃、醚、酮、卤代烃等)。与硅胶相似，商品氧化铝也因含有黏合剂或荧光剂而分为氧化铝 G、氧化铝 GF_{254}、氧化铝 HF_{254}。

黏合剂除上述的煅石膏外，还可用淀粉及羧甲基纤维素钠(CMC)等，其中以羧甲基纤维素钠的效果较好。一般先将羧甲基纤维素钠配制成 0.5%～1%的溶液，经3号砂芯漏斗过滤除去不溶性物质即得可供使用的澄清溶液。通常按照黏合剂的添加情况将薄层板分为两种，加黏合剂的薄层板称为硬板，不加黏合剂的称为软板。

2. 薄层板的制备

薄层板制备的好坏直接影响层析的效果，薄层应尽可能均匀，且厚度(0.25～1 mm)要一致。否则，在使用时溶剂展开速度不统一，层析结果不易重复。

薄层板分为"干板"和"湿板"。干板在制备涂层时不加水，一般用氧化铝作吸附剂时使用。湿板制备方法主要有以下几种。

1) 平铺法

用商品或自制的薄层涂布器进行制板，适用于科研工作中数量较大的需要。

2) 倾注法

取 3 g 左右硅胶与 7 mL 0.5%～1%的羧甲基纤维素钠水溶液在烧杯中调成糊状，铺在清洁干燥的玻璃板上，用手轻轻左右晃动，或用笔轻轻敲打玻璃板边缘，使表面均匀光滑，置于较平整的平面上，室温晾干后进行活化。

3) 浸渍法

将两块干净的玻璃片背靠背贴紧，浸入盛有浆料的容器中，浆料高度约为薄板长度的 5/6，使薄板上涂上一层均匀的吸附剂，取出后分开，晾干。

3. 薄层板的活化

把涂好的薄层板室温晾干后，于烘箱中活化。硅胶板于 105～110 ℃烘 30 min，氧化铝板于 150～160 ℃烘 4 h。活化后的薄层板放在干燥器中保存备用。

4. 点样

用铅笔在距薄层底端 8～10 mm 处轻轻画一条线作为起始线。用毛细管(内径小于 1 mm)吸取样品溶液(一般以丙酮、乙醇、甲醇、氯仿、乙醚等作为溶剂)，在起始线上垂直地小心点样(不要太靠边，一般与边缘保持 0.5 mm 以上的距离)，斑点直径一般不超过 2 mm。如果溶液太稀，一次点样不够，则需重复点样，重复点样时，应待前次点样的溶剂挥发后再重点；多次点样时，每次点样都应在同一圆心上。若在同一个板上点几个样时，样品间隔 1～1.5 cm。点样结束后，待样品干燥，方可进行展开。点样要轻，不可刺破薄层，见图 18-1。

1) 展开

(1) 溶剂的选择。选择适当的展开剂对薄层色谱至关重要。展开剂的选择主要根据样品的极性、溶解度和吸附剂的活性等因素来考虑。溶剂极性越大，对化合

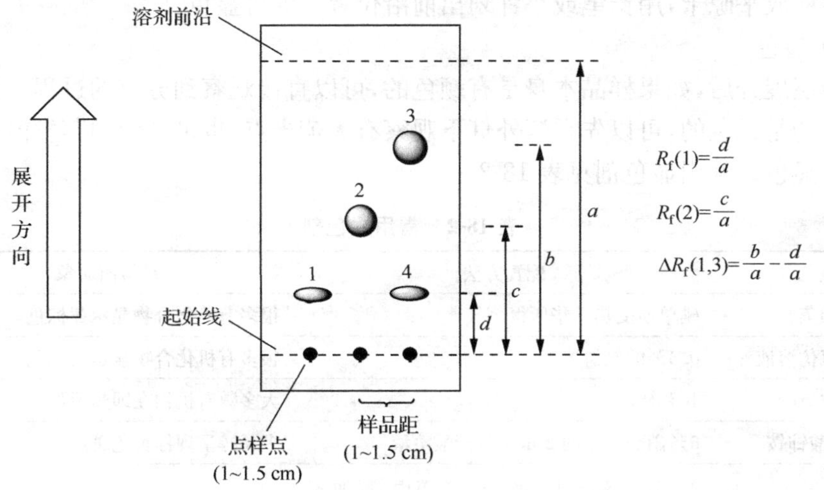

图 18-1　薄层色谱法示意图

物的展开能力越强。单一展开剂效果不好时，可以选用混合展开剂。

常见展开剂极性按以下次序依次增大：烷烃（环已烷、石油醚等），甲苯，二氯乙烷，乙醚，氯仿，乙酸乙酯，异丙醇，丙酮，乙醇，甲醇，乙腈，水。

展开剂的选择需要反复试验，简易的试验方法是在制备好的薄层板上每间隔1 cm点几个样点，然后用吸有溶剂的毛细管轻轻接触样品点的中心，待溶剂扩散成一个圆点后用铅笔标记溶剂前沿，再用不同的溶剂试验其余各点。通过对比样品原点扩展的同心环来确定适宜的溶剂作展开剂，见图 18-2。实际操作中，也使用混合溶剂做试验，这样的分离效果往往比单一溶剂好。

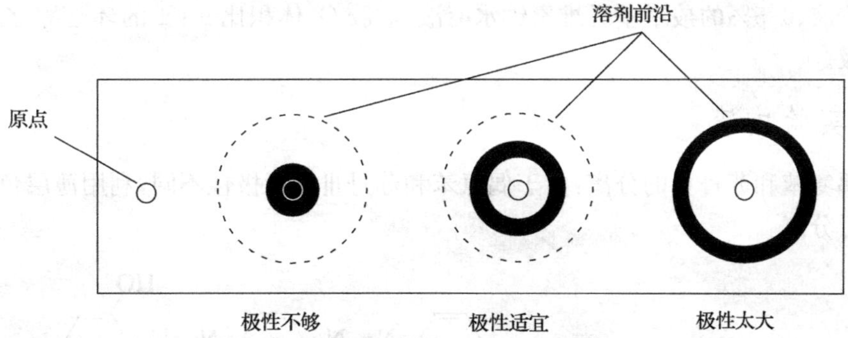

图 18-2　同心环法选择展开剂

(2) 展开操作。薄层的展开应在密闭的容器中进行。先将选择好的展开剂放在层析缸中，层析缸内空气饱和 5～10 min，再将点好样品的薄层板放入层析缸中进行展开。点样的位置必须在展开剂液面之上，待展开剂上升到薄层的前沿时，取出薄层板放平晾干，用铅笔或小针划出前沿位置后即可显色。

2）显色

薄层展开后，如果样品本身是有颜色的，可以直接观察到分离的过程。然而许多化合物是无色的，可以先在紫外灯下观察有无荧光点；也可在溶剂蒸发前用显色剂喷雾显色。常用显色剂见表 18-2。

表 18-2　常用显色剂

显色剂	配置方法	被检出对象
碘蒸气	碘单质受热升华所得蒸气	很多有机化合物显示黄棕色
碘氯仿溶液	0.5%的氯仿溶液	很多有机化合物显示黄棕色
浓硫酸	10%硫酸	大多数有机物在即热后显示黑色斑点
硝酸铈铵	6%硝酸铈铵的 2 mol/L 硝酸溶液	多元醇呈现棕黄色斑点
香兰素-硫酸	3 g 香兰素溶于 100 mL 乙醇中，再加入 0.5 mL 浓硫酸	高级醇及酮呈绿色
茚三酮	0.3 g 茚三酮溶于 100 mL 乙醇，喷后 110 ℃加热至斑点出现	氨基酸，胺，氨基糖
磷钼酸乙醇溶液	5%磷钼酸乙醇溶液，喷后 120 ℃烘干，还原性物质显蓝色，氨熏，背景变为无色	还原性物质显蓝色
四氯邻苯二甲酸酐	2%溶液，溶剂丙酮-氯仿(体积比 10∶1)	芳烃

三、实验试剂

0.5%偶氮苯的氯仿溶液、0.5%苏丹Ⅲ的氯仿溶液、苏丹Ⅲ与偶氮苯 1∶1 的混合溶液、0.5%的羧甲基纤维素钠水溶液、硅胶 G、体积比 9∶1 的环己醇-乙酸乙酯溶液。

四、实验内容

偶氮苯和苏丹Ⅲ的分离：由于偶氮苯和苏丹Ⅲ二者极性不同，利用薄层色谱可将二者分离。

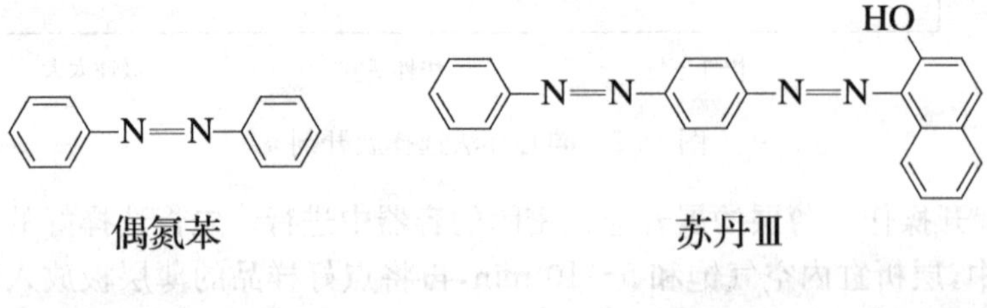

偶氮苯　　　　苏丹Ⅲ

1. 调制浆料

先配制 0.5%羧甲基纤维素钠溶液，然后按照 1 g 硅胶 G 需 3～4 mL 0.5%羧甲基纤维素钠溶液的比例，称取硅胶 G 和羧甲基纤维素钠溶液(一个组分配30 mL 羧甲基纤维素钠溶液)，将硅胶 G 缓慢加到羧甲基纤维素钠溶液中，边加边搅，直至浆料既能以小球状滴下，又不至于结团或黏度过大。

思考：浆料太稠或黏度过大时可否进行下一步实验？会导致什么后果？

2. 制板

用手拿住薄板的一端，用玻璃棒蘸取两到三滴浆料滴到薄板上，用玻璃棒将浆料在薄板上轻轻铺开，不够再滴，直至铺满薄板的绝大部分，离手持一端端点约 1 cm时，用手指或者用干净玻璃棒轻弹薄板下面，利用浆料的流动性使浆料在薄板上分散均匀，并用带少许浆料的玻璃棒斜着轻轻刮薄板边沿，使薄板边沿浆料丰满、分散均匀(避免走板时路线弯曲，浆料厚度影响走板快慢和路线)，放在水平的桌面上使其自然挥发溶剂，晾干后薄板上硅胶厚度均匀适中，约 0.5 mm。

思考：薄板上硅胶厚度对实验有何影响？

3. 活化

将风干到一定程度的薄板放到烘箱中在 105～110 ℃下烘干 30 min。

4. 点样

先用铅笔在离覆盖有吸附剂的一端 1 cm 左右的位置轻轻画一条横线，为起点，然后用直径 1 mm、管口平整的毛细管轻轻在样品瓶中蘸取样品(不要蘸太多)，垂直点在横线上，点的直径一般不超过 2 mm，如果点一次不够，则等溶剂干后再点第二次。同一个板上点几个点时，一般间隔 1～1.5 cm，不要太靠边沿，以免不均匀，走不好而拖尾。本实验用 0.5%的偶氮苯氯仿溶液、0.5%苏丹Ⅲ的氯仿溶液和二者 1∶1 混合物三种样品。

思考：点样时，太靠近薄层板边沿会导致什么后果？

5. 展开

将点好样的板用镊子放到装有展开剂的广口瓶中，展开剂不能淹没起点线，但要浸住硅胶，用毛玻片盖住广口瓶，观察溶剂的痕迹，不要让溶剂走过硅胶覆盖位置，只要两个点走开就可以了。拿出点样板，立即记下溶剂的顶点位置，以免晾干后找不到。然后根据颜色最浓的几个点在记录本上临摹出薄板，并标出起点，以及展开后各点的位置，并用 a、b、c 和 d 标示，计算出相应的 R_f 值。判断哪个点属于哪种物质。

思考：展开时，展开剂走过硅胶覆盖位置对实验有何影响？

五、实验习题

(1) 在一定操作条件下，为什么可以利用 R_f 值来鉴定化合物？

(2) 展开剂的高度若超过点样线，对薄层色谱有何影响？

(3) 在混合物薄层色谱中，如何判断各组分在薄板上的位置？

六、拓展知识

色谱发展史

俄国植物学家茨维特(M. S. Tswett)于 1903 年前后在波兰的华沙大学研究植物叶片的组成时，用白垩土(碳酸钙)作吸附剂分离植物绿叶的石油醚萃取物，得到黄色、绿色和灰黄色彼此分离的六个色带。其方法是：把干燥的碳酸钙粉末装到一根细长的玻璃管中，然后把植物绿叶的石油醚萃取液倒到管中的碳酸钙上，萃取液中的色素就吸附在管内上部的碳酸钙上，再用纯净的石油醚洗脱被吸附的色素，于是在管内的碳酸钙上形成三种颜色的六个色带。茨维特把这样形成的色带称为“色谱”(chromatographic)，茨维特用此名于 1906 年在德国《植物学》杂志上发表论文。英译名为 chromatography，在这一方法中把玻璃管称为“色谱柱”，碳酸钙称为“固定相”，纯净的石油醚称为“流动相”。现在把茨维特开创的方法称液固色谱法(liquid-solid chromatography)。

在茨维特提出色谱概念后的二十多年无人关注这一伟大的发明。直到 1931 年德国的 Kuhn 和 Lederer 才重复了茨维特的某些实验，用氧化铝和碳酸钙分离了 α、β、γ-胡萝卜素，此后用这种方法分离了六十多种这类色素。Martin 和 Synge 在 1940 年提出液液分配色谱法(liquid-solid portion chromatography)，即固定相是吸附在硅胶上的水，流动相为某种液体。1941 年他们发表了用气体作流动相的可能性，11 年之后 James 和 Matin 发表了从理论到实践比较完整的气液色谱方法(gas-liquid chromatography)，他们因此而获得了 1952 年诺贝尔化学奖。在此基础上，1957 年 Golay 开创了开管柱气相色谱法(open-tubular column chromatography)，习惯上称为毛细管柱气相色谱法(capillary column chromatography)。1956 年 Van Deemter 等在前人的基础上发展了描述色谱过程的速率理论。1965 年 Giddings 总结和扩展了前人的色谱理论，为色谱的发展奠定了理论基础。另一方面，早在 1944 年 Consden 等就发展了纸色谱，1949 年 Macllean 等在氧化铝中加入淀粉黏合剂制作薄层板使薄层色谱法得以实际应用，而在 1956 年 Stahl 开发出薄层色谱板涂布器之后，才使得薄层色谱得到广泛的应用。在 20 世纪 60 年代末把高压泵和化学键合固定相用于液相色谱，出现了高效液相色谱（HPLC）。80年代初毛细管超临界流体色谱（SFL）得到发展，在90年代后末得到较广泛的应用。而在80年代初由Jorgenson等集前人经验而发展起来的毛细管电泳（CZE），在90年代得到了广泛的发展和应用。同时集HPLC和CZE优点的毛细管电色谱在90年代后期也受到重视。

对于生物化学家来说，有时更爱使用色谱的别称——层析，两者指的是同一技术。

最近20年是色谱发展最快的时期，特别是20世纪80年代到90年代，有许多崭新的色谱分析方法出现。例如，在气相色谱中的毛细管柱工艺的发展，毛细管超临界流体色谱和超临界流体萃取的兴起，毛细管电泳的问世，电色谱等加入色谱的行列，光色谱和场流分离为生物大分子的分离提供了新的途径等。21世纪是生命科学、材料科学、信息科学的时代，而环境科学又是人们面临的重大课题，色谱分析新方法的出现和发展正是服务于这些重要科学领域的新技术。生物大分子的分离和纯化，推动了毛细管电泳和全新的高效液相色谱的发展；为了解决药物对映异构体的拆分，发展了各种各样的手性分离介质；为了极微量环境污染物的检测，发展了各种色谱高灵敏检测器；为了适应石油化工的需要，出现了各种高温毛细管气相色谱分析方法；为了能高选择性地分离生化分子，发展了选择性极强的亲和色谱柱方法。

另一方面，为了弥补色谱分析定性功能较差的弱点，大力发展了色谱和其他仪器的联用技术，特别是液相色谱和毛细管电泳与质谱的联用技术在近些年已趋于成熟，它将对生物大分子的分离和鉴定发挥极大的作用。

（执笔：周文俊；审定：王碧）

实验十九 酸碱反应与缓冲溶液

一、实验目的

理解和巩固酸碱反应的有关概念和原理，熟悉同离子效应、盐类的水解及其影响因素；掌握性质实验的一些基本操作要领、缓冲溶液的配制及其 pH 的测定；了解缓冲溶液的缓冲性能；掌握 pH 试纸的使用方法。

二、基本操作

1. pH 试纸

1) 概念

pH 试纸是将滤纸浸泡在一定比例混合的酸碱指示剂溶液中，经干燥制得。当遇到不同酸碱性溶液时呈现不同颜色，以颜色的差异来判断溶液的酸碱度，与所呈现颜色最接近的颜色值即为测定 pH。

2) 类型

广泛 pH 试纸：变色范围为 pH＝1～14，pH 为整数，准确值为 1。

精密 pH 试纸：较精确地测定溶液的 pH，测定准确值为 0.1。

3) 使用方法

测溶液 pH：用洁净的玻璃棒蘸取待测液点滴于试纸的中部，观察变化稳定后的颜色，与标准比色卡对比。

检验气体的 pH：先用蒸馏水把试纸润湿，粘在玻璃棒的一端，再送到盛有待测气体的容器口附近（试纸不能触及器壁），观察颜色的变化，与标准比色卡对比。

2. 试管

规格：试管分普通试管、具支试管、离心（尖底）试管等多种。普通试管的规格以外径(mm)×长度(mm)表示，如 15×150、18×180、25×200 等。

使用注意事项：装溶液时不超过试管容积的 1/2，加热时不超过试管容积的 1/3；加热时应使用试管夹（夹在试管中上部），倾斜约 45°，试管口不能对着人，受热要均匀；加热盛有固体的试管时，管口稍向下；尖底（离心）试管不能直接加热（水浴加热）。

3. 试剂瓶

1) 种类

盛装试剂的玻璃瓶或塑料瓶，通常有无色、棕色两类。

2) 品种

广口、细口；磨口、无磨口；滴瓶等多种。广口瓶用于盛固体试剂，细口瓶盛液体试剂；棕色瓶用于避光的试剂；磨口瓶能防止试剂吸潮和浓度变化；试剂瓶不耐热。

4. 滴瓶

瓶口带有磨口滴管的试剂瓶称为滴瓶。

使用注意事项：滴瓶的滴管是配套、专用的，使用滴管取用液体时，应该先在空气中挤压胶头，排出里面的空气后再插入试剂瓶内，以避免溶液被空气氧化；在用滴管向试管等容器中滴加液体时，应将其垂直于容器口正上方，接近容器口但绝不能挨着容器口，轻轻挤压加液；按要求加完溶液后，胶头滴管必须立即插回原瓶，以免混淆、污染试剂。

三、实验仪器和试剂

仪器：烧杯(50 mL)、吸量管(10 mL)、洗耳球、点滴板、试管、试管架、石棉网、酒精灯。

试剂：精密 pH 试纸、HCl 溶液(0.1 mol/L，2 mol/L)、HAc(0.1 mol/L，1 mol/L)，NaOH(0.10 mol/L)、$NH_3 \cdot H_2O$(0.1 mol/L，1 mol/L)、NaCl(0.1 mol/L)、Na_2CO_3(0.1 mol/L)、NH_4Cl(0.1 mol/L，1 mol/L)、NaAc(1.0 mol/L)、NH_4Ac(s)、$Bi(NO_3)_3$(0.1 mol/L)、$CrCl_3$(0.1 mol/L)、$Fe(NO_3)_3$(0.5 mol/L)，酚酞，甲基橙等。

四、安全注意事项

(1) 加热时，需注意正确使用酒精灯。

(2) 配制和实验各缓冲溶液时一定要“量筒专用”，绝不能混用。

五、实验内容

1. 同离子效应

1) 相关原理

同离子效应的两种表述：在弱电解质溶液中加入与其含有相同离子的另一种

强电解质时，该弱电解质的解离度减小的效应；在难溶电解质的溶液中加入含有相同离子的其他强电解质时，该难溶电解质的溶解度减小的效应。

2）实验内容

(1) 用精密 pH 试纸测定 1.0 mL 0.1 mol/L $NH_3 \cdot H_2O$ 的 pH，加入少量 NH_4Cl(s)，观察现象，再测混合液的 pH。

(2) 用精密 pH 试纸测定 1.0 mL 0.1 mol/L HAc 的 pH，加入 NaAc(s)，观察现象，再测混合液的 pH。

(3) 在试管中加入 0.5 mL 0.1 mol/L 氨水和 1 滴酚酞指示剂，观察溶液的颜色；再加入少量 NH_4Cl(s)，观察颜色变化。

(4) 在试管中加入 1.0 mL 0.1 mol/L HAc 和 1 滴甲基橙指示剂，观察溶液的颜色；再加入少量 NaAc(s)，观察颜色变化。

2. 盐类的水解

1）相关原理

盐在溶液中同水作用而改变溶液酸度的反应称为盐的水解反应。盐水解反应的实质是盐的离子与溶液中水电离出的 H^+ 或 OH^- 作用产生弱电解质的反应。一般规律：弱酸强碱盐水解呈碱性；弱碱强酸盐水解呈酸性。

酸式盐：$K_{a_1}K_{a_2} > 10^{-14}$，显酸性；$K_{a_1}K_{a_2} < 10^{-14}$，显碱性；$K_{a_1}K_{a_2} = 10^{-14}$，接近中性。弱酸弱碱盐：$K_a = K_b$，溶液显中性；$K_a > K_b$，溶液显酸性；$K_a < K_b$，溶液显碱性。

水解反应是酸碱中和反应的逆反应。中和反应是放热反应，水解反应是吸热反应，因此，升高温度有利于盐类的水解。

2）实验内容

(1) 用 pH 试纸分别测定 0.1 mol/L 的 NaCl、NaAc、NH_4Cl、NH_4Ac 溶液的 pH。

(2) 温度对水解的影响。两支试管分别盛 10 mL 水，将其中一支加热到沸腾后，分别加入 5 滴 0.5 mol/L $Fe(NO_3)_3$，观察现象。

(3) 在 3 mL H_2O 中加 1 滴 0.1 mol/L $Bi(NO_3)_3$ 溶液，观察现象。再滴加 2 mol/L HCl 溶液，观察有何变化。

(4) 在试管中加入 2 滴 0.1 mol/L $CrCl_3$ 溶液和 3 滴 0.1 mol/L Na_2CO_3 溶液，观察现象。

3. 缓冲溶液

1）相关原理

缓冲溶液：氢离子浓度不因加入少量的酸或碱而显著变化的溶液。

缓冲溶液的组成：弱酸-弱酸盐或弱碱-弱碱盐。例如，CH_3COOH-NaAc，$NH_3 \cdot H_2O$-NH_4Cl，H_3PO_4-NaH_2PO_4，NaH_2PO_4-Na_2HPO_4，Na_2HPO_4-Na_3PO_4等。

缓冲溶液的$[H^+]$或$[OH^-]$由下列公式来计算：

弱酸-弱酸盐：$[H^+] = K_a(c_{酸}/c_{盐})$

弱碱-弱碱盐：$[OH^-] = K_b(c_{碱}/c_{盐})$

缓冲溶液的缓冲能力：当弱酸（或弱碱）与它的共轭碱（或酸）浓度较大时，其缓冲能力较强；当$c_{酸}/c_{盐}$或$c_{碱}/c_{盐}$的比值接近1时，其缓冲能力最强。

缓冲溶液缓冲范围：当$c_{酸}/c_{盐}$或$c_{碱}/c_{盐}$的比值超过1/10～10时，缓冲溶液失去缓冲能力，其对应pH范围称为缓冲溶液缓冲范围。

弱酸-弱酸盐缓冲溶液：$pH = pK_a \pm 1$

弱碱-弱碱盐缓冲溶液：$pH = (14 - pK_b) \pm 1$

2）实验内容

（1）在小烧杯中加入10.0 mL 1 mol/L HAc和10.0 mL 1 mol/L NaAc，测定其pH。

将上述溶液分成两等份：一份加1 mL 0.1 mol/L HCl，测定pH；另一份加1 mL 0.1 mol/L NaOH，测定pH。用两份10.0 mL的水替代上述缓冲溶液，分别加入等量的HCl和NaOH，测定其pH。

（2）在小烧杯中加入5.0 mL 0.1 mol/L HAc和5.0 mL 1 mol/L NaAc，测定其pH；在小烧杯中加入5.0 mL 1 mol/L HAc和5.0 mL 0.1 mol/L NaAc，测定其pH。

思考：缓冲溶液HAc-NaAc的理论缓冲范围是多少？解释理论值和实测值的差异。

（3）在小烧杯中加入10.0 mL 1 mol/L $NH_3 \cdot H_2O$和10.0 mL 1 mol/L NH_4Cl，测定其pH。

将上述溶液分成两等份：一份加1 mL 0.1 mol/L HCl，测定其pH；另一份加1 mL 0.1 mol/L NaOH，测定pH。

六、实验习题

（1）如何配制$SnCl_2$溶液、$SbCl_3$溶液和$Bi(NO_3)_3$溶液？

（2）影响盐类水解的因素有哪些？

（3）缓冲溶液的pH由哪些因素决定？其中主要的决定因素是什么？

七、拓展知识

1. 人体内缓冲溶液的pH的重要作用

人及其生物的生活环境、摄入的营养物质和代谢产物的pH也要适应生物体内 pH。经过漫长的发展，生物体内组织器官的内部过程已经习惯于在一定 pH 下存在和活动。其间存在着极其复杂的平衡状态，一旦外来或内在因素使 pH 失调，便牵一发而动全身，使体内原有的复杂状态改变，正常生理过程受到严重阻碍，生命现象将歧形变化。所幸生物体内及环境中都存在各种缓冲系统，能在一定的作用下维持生物体内液体环境 pH 不发生剧变。因此，生物体内的缓冲溶液为生命的存在、延续和发展提供了条件。

2. 人体内常见的缓冲对

1）血液

人体内的血液就是一种缓冲体系，人每天需消耗氧气、产生二氧化碳，在血液中缓缓产生 21 mol 碳酸，酸性相当于 2 L 浓盐酸的酸性，但是人在消耗氧气放出二氧化碳的整个过程中，血液的 pH 始终保持在 7.4±0.03，变化甚微，这除了与人体的排酸功能有关外，应归功于血液的缓冲作用。血液中能起缓冲作用的缓冲组分有四对：①碳酸-碳酸盐；②血液蛋白缓冲体系；③血浆蛋白缓冲体系；④磷酸氢盐缓冲体系。

2）人体对酸性物质的缓冲

血液中对碳酸直接起缓冲作用的是血红蛋白和氧合血红蛋白的缓冲体系。由于血红蛋白酸性比氧合血红蛋白弱，故前者的共轭碱是较弱碱，它对碳酸的缓冲能力比氧合血红蛋白的共轭碱强。因此，这两者对血液中碳酸的相互作用使碳酸转化成二氧化碳排出，抵消血液 pH 降低的影响，使血液的 pH 维持在 7.4±0.03。血液对体内代谢过程中产生的非挥发性酸（如乳酸、丙酮酸等）也有缓冲作用。这些物质一般不能从肺泡中排出，主要靠血浆中碳酸氢盐的缓冲作用。例如，血液对乳酸作用生成的碳酸转变成二氧化碳经由呼吸排出。

3）人体内对碱性物质的缓冲

血液对碱性物质也有缓冲作用，碱性物质主要来源于食物，食物中的碱进入血液中会使血液 pH 升高，而此时主要靠血浆中碳酸、碳酸氢盐起缓冲作用。

（执笔：兰子平；审定：覃松）

实验二十　配合物与沉淀溶解平衡

一、实验目的

加深理解配离子的组成和稳定性，掌握配离子和简单离子的区别；掌握沉淀溶解平衡概念、溶度积的规则；了解配位平衡与沉淀溶解平衡间的相互转化；掌握固液分离的原理和方法。

二、实验仪器和试剂

仪器：离心机、普通试管、离心试管。

试剂：$FeCl_3$(0.1 mol/L)、KSCN(0.1 mol/L)、NaF(0.1 mol/L)、$K_3[Fe(CN)_6]$(0.1 mol/L)、$NH_4Fe(SO_4)_2$(0.1 mol/L)、$CuSO_4$(0.1 mol/L)、$NH_3 \cdot H_2O$(2 mol/L，6 mol/L)、NaOH(2 mol/L)、$BaCl_2$(0.1 mol/L)、KBr(0.1 mol/L)、KI(0.1 mol/L)、KCl(0.1 mol/L)、$AgNO_3$(0.1 mol/L)、$Na_2S_2O_3$(0.1 mol/L)、$CoCl_2$(0.1 mol/L)、3% H_2O_2、K_2CrO_4(0.1 mol/L)、$Pb(NO_3)_2$(0.1 mol/L)、HCl(1 mol/L)、HNO_3(2 mol/L，6 mol/L)、NH_4Cl(饱和)、$NiSO_4$(0.1 mol/L)、Na_2S(0.1 mol/L)。

三、实验内容

1. 配合物的形成与配位平衡的移动

1) 配合物的形成及配位平衡

(1) 相关原理。由中心离子(或原子)与配体按一定组成和空间构型以配位键结合所形成的化合物称为配合物。配合物中的内界和外界之间以离子键结合，在水溶液中完全解离成配离子和外界离子。例如

$$[Cu(NH_3)_4]SO_4 = [Cu(NH_3)_4]^{2+} + SO_4^{2-}$$

在一定条件下，中心离子、配位体和配位离子间达到配位平衡。例如

$$Cu^{2+} + 4NH_3 \rightleftharpoons [Cu(NH_3)_4]^{2+}$$

平衡时

$$K_{稳} = \frac{[Cu(NH_3)_4]^{2+}}{[Cu^{2+}][NH_3]^4}$$

对于相同类型的配合物，$K_{稳}$值越大，配合物就越稳定。

(2) 实验内容。

a. 在 2 滴 0.1 mol/L $NiSO_4$溶液中，逐滴加入 6 mol/L $NH_3 \cdot H_2O$，观察现象。

b. 在 2 滴 0.1 mol/L $FeCl_3$溶液中，加 1 滴 0.1 mol/L KSCN 溶液，观察现象。此溶液放置备用。

c. 向 10 滴 0.1 mol/L $CuSO_4$溶液中，滴加 6 mol/L $NH_3 \cdot H_2O$ 至沉淀刚好溶解，观察现象。将溶液分为两份，备用。

思考： 形成配合物时有哪些现象？

2) 配位平衡的移动

(1) 相关原理。利用平衡移动原理可以移动配位平衡。一般通过浓度改变移动平衡，而浓度改变常通过化学反应来实施，即通过让中心离子、配体参与化学反应来改变其浓度。反应类型涉及酸碱反应、沉淀反应、配位反应、氧化还原反应等。

a. 配位反应对配位平衡的影响。

$$ML_n + mL' \Longrightarrow ML'_m + nL\text{（省略电荷，下同）}$$

平衡常数：

$$K = K_{ML'_m} / K_{ML_n}$$

可以判断，如果 $K_{ML'_m} > K_{ML_n}$，则 ML_n易于转变成 ML'_m；如果 $K_{ML_n} > K_{ML'_m}$，则 ML'_m易于转变成 ML_n。例如

$$Ag(NH_3)_2^+ + 2CN^- \Longrightarrow Ag(CN)_2^- + 2NH_3$$

由于 $K_{Ag(CN)_2^-} > K_{Ag(NH_3)_2^+}$，$Ag(NH_3)_2^+$ 相对易于转变成 $Ag(CN)_2^-$，$Ag(CN)_2^-$ 相对难于转变成 $Ag(NH_3)_2^+$。

b. 沉淀反应对配位平衡的影响。

$$ML_n + A \rightleftharpoons MA\downarrow + nL$$

平衡常数：

$$K = K_{ML_n}^{-1} \cdot K_{sp(MA)}^{-1}$$

由关系式可见，沉淀反应对配合反应的影响程度取决于配合物的稳定常数和所生成的难溶化合物的溶度积常数。显然，配合物越稳定，沉淀的溶解度越大，正向反应的倾向越小，则 ML_n难于转变成 MA。例如

$$[Cu(NH_3)_4]^{2+} + S^{2-} \rightleftharpoons CuS\downarrow + 4NH_3$$

平衡常数：

$$K = K^{-1}_{Cu(NH_3)_4} \cdot K^{-1}_{sp(CuS)} = 8.5 \times 10^{31}$$

可以看出，$[Cu(NH_3)_4]^{2+}$易转换为CuS沉淀。同样，在化学上也能用配合平衡反应来破坏沉淀平衡，用配合剂来促使沉淀的溶解。

(2) 实验内容。

a. 向实验1)中的b反应液中滴加几滴0.1 mol/L NaF溶液，观察现象。

b. 向5滴0.1 mol/L $K_3[Fe(CN)_6]$溶液和5滴0.1 mol/L $NH_4Fe(SO_4)_2$溶液中分别滴加5滴0.1 mol/L KSCN溶液，观察现象。

c. 向实验1)中的c反应两份备用溶液中，分别加入数滴2 mol/L NaOH溶液和0.1 mol/L $BaCl_2$溶液，观察现象。

d. 向盛有3滴0.1 mol/L NaCl溶液的离心试管中，加入3滴0.1 mol/L $AgNO_3$溶液，观察现象。离心分离，弃去清液。在沉淀中加入2 mol/L $NH_3 \cdot H_2O$溶液至其溶解，观察现象。再向试管中滴加0.1 mol/L KBr溶液，观察现象，离心分离，弃去清液。最后向试管中滴加0.1 mol/L $Na_2S_2O_3$溶液，观察现象。再向试管中滴加0.1 mol/L KI溶液，振荡试管，观察现象。

思考：在实验c中若将NaOH浓度增大(>6 mol/L)，结果会怎样？若加入HCl呢？

2. 沉淀的生成

1) 分步沉淀

(1) 相关原理。混合离子的溶液中加入一种沉淀剂往往可能使多种离子产生沉淀。如果控制加入沉淀剂的量，可以使沉淀按一定顺序生成。

如果溶液中存在两种离子M_1^+、M_2^+，加入沉淀剂A^-，两种离子都会产生沉淀：

$$M_1^+ + A^- \rightleftharpoons M_1A$$
$$M_2^+ + A^- \rightleftharpoons M_2A$$

由溶度积规则可得M_1^+的沉淀条件：

$$J_i = c_{M_1^+} c_{A^-} \geqslant K_{sp,M_1A}, c_{A^-} \geqslant K_{sp,M_1A}/c_{M_1^+}$$

M_2^+的沉淀条件：

$$J_i = c_{M_2^+} c_{A^-} \geqslant K_{sp,M_2A}, c_{A^-} \geqslant K_{sp,M_2A}/c_{M_2^+}$$

以上两个不等式哪一个先成立？哪一个离子先沉淀？

(2) 实验内容。取1滴Na_2S(0.1 mol/L)溶液和1滴K_2CrO_4(0.1 mol/L)溶液加入试管中，再加入蒸馏水稀释至1 mL，摇匀后先加1滴$Pb(NO_3)_2$(0.1 mol/L)溶液，振荡试管，观察沉淀的颜色，离心分离；向上层清液中继续滴加$Pb(NO_3)_2$

(0.1 mol/L)溶液，沉淀颜色有何变化？

思考： 根据沉淀颜色的变化和溶度积规则，判断哪种难溶物质先沉淀。

2) 沉淀的转化

(1) 相关原理。沉淀转化反应通式：

$$MA(s) + B^- \rightleftharpoons MB\downarrow + A^-$$

平衡常数：

$$K = K_{sp,MA} \cdot K_{sp,MB}^{-1}$$

K越大，转化越容易。

$K_{sp,MA} > K_{sp,MB}$时，正反应的趋势大，MA 易于转化成 MB；$K_{sp,MA} < K_{sp,MB}$时，正反应的趋势小，MA 难于转化成 MB，相反，逆反应趋势大，MB 易于转化成 MA。

(2) 实验内容。取 1 滴 $AgNO_3$(0.1 mol/L)溶液于点滴板中，再加入 1 滴 K_2CrO_4(0.1 mol/L)溶液，用玻璃棒搅拌，观察沉淀的颜色，再逐滴加入 NaCl (0.1 mol/L)，用玻璃棒搅拌，直到砖红色沉淀消失、白色沉淀生成为止。

思考： 实验中 Ag_2CrO_4 沉淀为什么能转化为 AgCl 沉淀？用平衡常数值说明。

四、实验习题

(1) 可用哪些不同类型的反应使 $FeSCN^{2+}$ 的红色褪去？

(2) Fe^{3+} 可以将 I^- 氧化为 I_2，自身被还原成 Fe^{2+}，但$[Fe(CN)_6]^{4-}$又可以将 I_2 还原成 I^-，自身被氧化成$[Fe(CN)_6]^{3-}$。如何解释此现象？

(3) 衣服上沾有铁锈时常用草酸洗，试说明原理。

五、拓展知识

大自然中的石灰石熔岩

石灰石是难溶盐，其主要成分是 $CaCO_3$。自然界中溶洞的形成多是碳酸钙和碳酸氢钙受地下水长期溶蚀的结果。

地下水中的 CO_2 使石灰岩里不溶性的 $CaCO_3$ 转化为微溶性的碳酸氢钙：

$$CaCO_3 + H_2O + CO_2 \rightleftharpoons Ca(HCO_3)_2$$

当受热或压强突然减小时溶解的碳酸氢钙会分解重新变成碳酸钙沉淀，即上述反应逆向进行。大自然中，上述反应周而复始，永不停息。

由于石灰岩层中各部分含石灰质量不同，被侵蚀的程度不同，就逐渐被溶解分割成互不相依、千姿百态、陡峭秀丽的山峰和奇异景观的溶洞，这种特征地貌称为喀斯特地貌。

当溶有碳酸氢钙的水从溶洞顶滴到洞底时，由于水分蒸发或压强减少，以及温度变化等，二氧化碳溶解度减小而析出 $CaCO_3$沉淀。这些沉淀经过千百万年的积聚，渐渐形成了钟乳石、石笋等。洞顶的钟乳石与地面的石笋连接起来就形成了奇特的石柱(图 20-1)。

图 20-1　四川省内江市资中圣灵山大溶洞的熔岩(图片提供：苏布道)

几万年来，黄龙沟四周高山上的冰雪融水和地表水不断流淌下来，渗入冰碛物中，在松散的石灰岩下部形成浅层潜流，并在流动过程中溶解了大量石灰岩的碳酸钙物质(图 20-2)。随后，饱含碳酸钙质的潜水露出地表，形成无数小溪散流而下。由于水温和压力降低，二氧化碳气体逸出，使溶解于水中的碳酸钙又结晶析出，淀积于植物的概茎、倒木或落地枯枝上，日积月累，形成了厚数 10 厘米、高 10 余厘米至 2 米不等的坚固的碳酸钙围堤。随着地势的高下和地形的起伏，结成的钙华呈阶梯状叠置。

图 20-2　四川黄龙沟(图片提供：覃松)

美国内华达沙漠中部的“飞翔的喷泉”(fly geyser)如图 20-3 所示。20 世纪 60 年代时，地底的温泉逐渐渗出地面，形成了间歇泉。日积月累，溶解的矿物质将泉眼逐渐垫高，如今距离地面已有 5 m。这处间歇泉排放的水形成了 30～40 个水池，面积达 30 公顷。

图 20-3　飞翔的喷泉

土耳其棉花堡如图 20-4 所示。所谓“棉花”，是泉水从山顶往下流，所经之处历经千百年钙化沉淀，形成层层相叠的半圆形白色天然石灰岩阶梯，远看像大朵大朵棉花矗立在山丘上。据传说，埃及艳后克里奥佩特拉(Cleopatra)也曾在这里泡过温泉。

图 20-4　土耳其棉花堡

(执笔：朱宇萍；审定：覃松)

实验二十一　氧化还原反应

一、实验目的

熟悉原电池的装置；了解电极的本性、电对的氧化型或还原型物质的浓度、介质的酸碱性等因素对电极电势、氧化还原反应的方向、产物、速率的影响；通过实验了解化学电池电动势。

二、实验仪器和试剂

仪器：普通试管、烧杯(50 mL)、伏特计、锌片、铜片、导线、砂纸、滤纸。

液体试剂：$ZnSO_4$ (1 mol/L)、$CuSO_4$ (1 mol/L)、$NH_3 \cdot H_2O$ (2 mol/L, 6 mol/L)、KI(0.1 mol/L)、$FeCl_3$(0.1 mol/L)、KBr (0.1 mol/L)、$FeSO_4$(0.1 mol/L)、碘水 (0.1 mol/L)、溴水、CCl_4、$Na_2S_2O_3$ (0.1 mol/L)、H_2SO_4 (0.1 mol/L, 1 mol/L)、NaOH(6 mol/L)、$KMnO_4$(0.1 mol/L)、KIO_3(0.1 mol/L)、$Fe_2(SO_4)_3$ (0.1 mol/L)、$FeSO_4$(0.1 mol/L)。

固体试剂：铝试剂、pH 试纸。

三、实验内容

1. 原电池电动势的测定及浓度对电极电势、氧化还原反应的影响

1) 相关原理

原电池是利用氧化还原反应将化学能转变为电能的装置。装配原电池时应具备以下条件：必须有两个电极电势不同的半电池；连接两个半电池的装置。

例如，铜锌原电池：

$$(-)\mathrm{Zn} \mid \mathrm{ZnSO_4}(1\ \mathrm{mol/L}) \parallel \mathrm{CuSO_4}(1\ \mathrm{mol/L}) \mid \mathrm{Cu}\ (+)$$

原电池电动势：

$$E = \varphi_{正} - \varphi_{负}$$

电极电势可用能斯特方程求出：

$$\varphi = \varphi^{\ominus} + \frac{0.059}{z}\lg\frac{[氧化型]}{[还原型]}$$

由能斯特方程可以看出浓度对电极电势的影响：[氧化型]浓度越大或者[还原型]各物质的浓度越小，电极电势就越大；[氧化型]浓度越小或者[还原型]各

物质的浓度越大，电极电势就越小。通过浓度可改变电极电势进而改变原电池电动势。

2）实验内容

（1）在 50 mL 小烧杯中加入 15 mL 1 mol/L $CuSO_4$溶液，在素烧瓷筒中加入 6 mL 1 mol/L $ZnSO_4$溶液，并将其放入盛有 $CuSO_4$溶液的小烧杯中。将用砂纸打磨过的锌片插入 $ZnSO_4$溶液中，铜片插入 $CuSO_4$溶液中。两极各连一导线，铜片与伏特计的正极相连，锌片与负极相连。测量其电动势 E_1。

在小烧杯中滴加浓氨水，不断搅拌，直至生成的沉淀完全溶解变成蓝色溶液，测量其电动势 E_2。

在素烧瓷中滴加浓氨水，使生成的沉淀完全溶解，测量其电动势 E_3。

思考： 比较 E_1、E_2、E_3的大小。

（2）向试管中加蒸馏水、CCl_4 和 0.1 mol/L $Fe_2(SO_4)_3$ 各 0.5 mL，再加入 0.5 mL 0.1 mol/L KI 溶液，振荡，观察 CCl_4层颜色。

思考： 为什么要加入 CCl_4？

（3）向盛有 CCl_4、1 mol/L $FeSO_4$和 0.1 mol/L $Fe_2(SO_4)_3$各 0.5 mL 的试管中，加入 0.5 mL 0.1 mol/L KI 溶液，振荡后观察 CCl_4层颜色。

思考： 比较(2)和(3)的现象差异。

（4）在有锌粒的两个试管中分别加入 0.5 mL 浓硝酸和 2 mol/L 硝酸溶液，观察现象。

思考： 根据(4)现象说明浓度对氧化还原反应的影响。

2. 氧化还原反应和电极电势

1）相关原理

氧化还原反应方向的判据：

$$E = \varphi_{正} - \varphi_{负} > 0，反应能自发进行$$

$$E = \varphi_{正} - \varphi_{负} = 0，反应处于平衡状态$$

$$E = \varphi_{正} - \varphi_{负} < 0，反应不能自发进行$$

当 $E>0.5$ V 时，可以用标准电极电势判断反应的方向。

2）实验内容

（1）用 0.1 mol/L 的 KBr 溶液代替 KI 溶液进行 1 中的(2)实验，观察 CCl_4层颜色有无变化。

（2）往两支试管中分别加入 3 滴碘水、溴水，然后加入约 0.5 mL 0.1 mol/L $FeSO_4$溶液，摇匀后，注入 0.5 mL CCl_4，充分振荡，观察 CCl_4层有无变化。

注意： 判断水层和 CCl_4层，观察水层和 CCl_4层的颜色变化。

思考:

(1) 实验 1 中(2)和 2 中(1)、(2)实验现象说明什么?

(2) 定性比较 Br_2/Br^-、I_2/I^-、Fe^{3+}/Fe^{2+} 三个电对的电极电势,按氧化还原能力的高低排列三个电对的氧化态和还原态。

3. 酸度对氧化还原反应的影响

1) 酸度对氧化还原方向的影响

(1) 相关原理。酸度对氧化还原反应方向的影响主要是 H^+ 直接参加反应的影响,即 H^+ 浓度直接影响电极电势的大小。当物质的氧化态或还原态是弱酸或弱碱时,酸度的变化会影响其存在形式,导致氧化态、还原态的浓度发生变化,使得电对的电极电势也发生改变。

(2) 实验内容。

a. 取 3 支试管分别加 0.5 mL 0.1 mol/L Na_2SO_3,向其中一支加 0.5 mL 1 mol/L H_2SO_4 溶液,另一支加 0.5 mL 蒸馏水,第三支试管加 0.5 mL 6 mol/L NaOH 溶液。混合后再各加 2 滴 0.1 mol/L 的 $KMnO_4$ 溶液,观察颜色变化有何不同。

b. 在试管中加入 0.5 mL 0.1 mol/L KI 溶液和 2 滴 0.1 mol/L KIO_3 溶液,再滴加几滴淀粉溶液,混合后观察溶液颜色有无变化。然后加 2~3 滴 1 mol/L H_2SO_4 溶液酸化混合液,观察有什么变化。最后滴加 2~3 滴 6 mol/L NaOH 使混合液显碱性,观察又有什么变化。写出有关反应式。

2) 酸度对氧化还原反应速率的影响

(1) 相关原理。电极反应式中,氢离子通常位于氧化态一边,即

$$\text{氧化态} + H^+ = \text{还原态} + H_2O$$

当含氧酸作氧化剂时,氢离子通常作为反应物出现,故酸度对氧化还原反应的速率有影响。

(2) 实验内容。取两支试管分别加 0.5 mL 0.1 mol/L KBr 溶液,一支加 0.5 mL 1 mol/L H_2SO_4 溶液,另一支加 0.5 mL 6 mol/L HAc 溶液,再各加 2 滴 0.01 mol/L 的 $KMnO_4$ 溶液,观察颜色褪去的速度。

4. 配位反应对氧化还原反应的影响

1) 相关原理

根据能斯特方程式,如果氧化还原电对中的离子因参与配位反应导致其浓度发生改变,进而会导致[氧化态]/[还原态]比值发生变化,最终使得氧化还原电对的电极电势发生改变。

如果只有氧化态离子参与配位反应，则其电极电势将会降低；如果只有还原态离子参与配位反应，则其电极电势将会升高。例如，$\varphi^{\ominus}_{Ag^+/Ag}=0.799\ V$，$\varphi^{\ominus}_{Ag(NH_3)_2^+/Ag}=0.38\ V$。

如果氧化态离子和还原态离子都参与配位反应，则其电极电势可能升高也可能降低。例如

$Co^{3+}+e^-\!=\!=\!=Co^{2+}$ $\qquad\varphi^{\ominus}=1.84\ V$

$Co(NH_3)_6^{3+}+e^-\!=\!=\!=Co(NH_3)_6^{2+}$ $\qquad\varphi^{\ominus}=0.1\ V$

$Co(CN)_6^{3-}+e^-\!=\!=\!=Co(CN)_6^{4-}$ $\qquad\varphi^{\ominus}=-0.83\ V$

从配离子稳定常数看

$$K_{稳}[Co(NH_3)_6^{3+}]=1.6\times10^{35}\gg K_{稳}[Co(NH_3)_6^{2+}]=1.28\times10^{5}$$

$$K_{稳}[Co(CN)_6^{3-}]=10^{64}\gg K_{稳}[Co(CN)_6^{4-}]=10^{19}$$

导致Co(Ⅲ)/Co(Ⅱ)的$\varphi^{\ominus}$降低。其标准电极电势就相比于水合离子的标准电极电势下降得多。

2）实验内容

（1）向5滴0.1 mol/L $CoCl_2$溶液中滴加3%的H_2O_2，观察有无变化。

（2）向5滴0.1 mol/L $CoCl_2$溶液中加2滴1 mol/L的NH_4Cl溶液，再滴加6 mol/L $NH_3\cdot H_2O$至黄色。然后滴加3%的H_2O_2，观察溶液颜色的变化。

5．氧化数居中的物质的氧化还原性

1）相关原理

氧化数居中的物质在不同电对中，既可作氧化态物质又可作还原态物质，故在不同反应中，既可作氧化剂又可作还原剂。

2）实验内容

（1）在试管中加入0.5 mL 0.1 mol/L KI和2滴1 mol/L H_2SO_4，再加入1～2滴3% H_2O_2，观察试管中溶液颜色。

（2）在试管中加入2滴0.01 mol/L $KMnO_4$溶液，再加入3滴1 mol/L H_2SO_4，摇匀后加2滴3% H_2O_2，观察溶液颜色的变化。

四、实验习题

（1）从实验结果讨论氧化还原反应和哪些因素有关。

（2）为什么H_2O_2既可以作氧化剂又可作还原剂？写出电极反应，说明H_2O_2在什么情况下可作氧化剂，什么情况下作还原剂。

（3）举出一两个生活中的氧化还原反应实例。

五、拓展知识

氧化还原反应离你很近

生物圈中包含着的各种不同的化合物，主要由碳、氢、氧、氮、磷五种元素所组成。这些化合物在自然界中不断地生成、消耗及互相转变，使生物圈形成一个巨大的循环系统。生态循环过程由能量的同化、异化作用以及上述五种元素的各种氧化还原反应共同完成，如自然界中碳、氮、磷等物质的循环。氧化还原反应是推动整个生物圈繁衍的原动力。

切好的水果放置一段时间会变色，这个现象就是氧化还原反应的结果。

苹果中含有 Fe^{2+} 和酚类物质，细胞中含酚氧化酶，在组织没有损伤之前，酚氧化酶存在于细胞器中，不能与酚类化合物接触，空气中的氧更没法进入。切开苹果后，氧气氧化 Fe^{2+} 为 Fe^{3+}，酚氧化酶氧化酚类化合物为醌类化合物（图 21-1）。氧化过程导致颜色发生变化：

$$Fe^{2+}(\text{绿色}) \longrightarrow Fe^{3+}(\text{黄色})$$

$$\text{酚类化合物（无色）} \longrightarrow \text{醌类化合物（深褐色）}$$

图 21-1　苹果切面的变色现象（图片提供：朱宇萍）

苹果变色以后，所含的维生素 C 会减少，影响营养价值。维生素 C 是卓越的抗氧化剂，能抑制细胞基本成分的氧化，加速自由基消除，减少自由基对皮肤的伤害，缓减皮肤衰老。同时，维生素 C 还能使人体内难以吸收的 Fe^{3+} 被还原为 Fe^{2+}，促进 Fe^{2+} 的吸收，使皮肤红润、健康。

土豆、藕中同样也含有多元酚类单宁物质（又称鞣质）。土豆、藕切开以后，单宁在酶的作用下极易被空气氧化而变成褐色，称为酶褐变。为了避免单宁物质遇空气氧化，应将切好的土豆、藕放在清水或淡盐水中泡，使之与空气隔绝，就不会变色了。

司机酒驾会造成严重的交通事故。氧化还原反应也用到了酒驾的查巡中。用$K_2Cr_2O_7$检验司机是否酒后驾车，如果驾驶员饮酒，则吐出的气体中必然含有乙醇。乙醇与酸性重铬酸钾将会发生如下氧化还原反应：

$$2K_2Cr_2O_7(\text{橙红色}) + 3CH_3CH_2OH + 8H_2SO_4 = 2K_2SO_4 + 2Cr_2(SO_4)_3(\text{绿色}) + 3CH_3COOH + 11H_2O$$

因此，交警可以根据溶液的颜色变化判断司机是否酒驾。根据血液中乙醇含量判断：含量为 20～80 mg/mL，为酒驾；含量≥80mg/mL，为醉驾。

氧化还原反应离我们很近。研究它们的规律，从而有效地控制和利用它们，可使其所有的功能得到最大程度的发挥，同时也可避免负面的影响。

（执笔：朱宇萍；审定：覃松）

实验二十二　常见阴离子的分离与鉴定

一、实验目的

掌握常见阴离子、混合离子的分离和鉴定方法；了解常见阴离子的检出条件。

二、实验仪器和试剂

仪器：离心机、普通试管、离心试管、点滴板。

试剂：Na_2CO_3（1.0 mol/L）、HCl（6 mol/L）、HNO_3（6 mol/L，浓）、H_2SO_4（1 mol/L，2 mol/L，浓）、HAc(6 mol/L)、NaOH(2 mol/L)、$NH_3 \cdot H_2O$(6 mol/L)、H_2O_2（3%）、NO_3^-（0.1 mol/L）、NO_2^-（0.1 mol/L）、SO_4^{2-}（0.1 mol/L）、Ba^{2+}（0.1 mol/L）、SO_3^{2-}（0.5 mol/L）、$KMnO_4$（0.01 mol/L）、$S_2O_3^{2-}$（0.1 mol/L）、$AgNO_3$（0.1 mol/L）、PO_4^{3-}（1.0 mol/L）、S^{2-}（0.5 mol/L）、Cl^-（0.1 mol/L）、I^-（0.1 mol/L）、Br^-（0.1 mol/L）、$K_4[Fe(CN)_6]$（0.5 mol/L）、CCl_4、氯水、$ZnSO_4$（饱和）、$Ba(OH)_2$（饱和）、亚硝酰铁氰化钠（9%）、$FeSO_4$ 晶体、二苯胺、尿素、对氨基苯磺酸（1%）、α-萘胺（0.4%）、$(NH_4)_2MoO_4$（10%）、酒石酸、亚硝酰铁氰化钠、混合溶液Ⅰ（SO_3^{2-}、$S_2O_3^{2-}$、SO_4^{2-} 三种离子均为钠盐，其浓度都为 0.5 mol/L）、混合溶液Ⅱ（Cl^-、Br^-、I^- 三种离子均为钠盐，其浓度都为 0.5 mol/L）、固体 $CdCO_3$、固体 NaOH、锌粉、pH 试纸。

三、实验原理

离子的分离和鉴定是以各离子对试剂的不同反应为依据的。各离子对试剂的作用的相似性和差异性都是构成离子分离与鉴定的基础。离子的分离和检出是在一定条件下进行的，所谓一定的条件主要是指溶液的酸度、反应物的浓度、反应温度、促进或妨碍反应的物质是否存在等。为使反应向期望的方向进行，就必须选择适当的反应条件。

1. 离子的分离

离子混合液中诸组分若对鉴定反应不产生干扰，便可以利用特效反应直接鉴定某种离子。若共存的其他组分彼此干扰，就要选择适当方法消除干扰。通常采用掩蔽剂消除干扰，这是一种比较简单、有效的方法。如果没有合适的遮掩剂，就需要将彼此干扰的组分分离。

2. 离子的鉴定

1）鉴定反应进行的条件

鉴定反应大都是在水溶液中进行的离子反应。鉴定反应必须具有明显的外观特征，如溶液颜色的改变、沉淀的生成或溶解、有气体产生等。此外，鉴定反应必须迅速进行。

2）鉴定反应的灵敏度

鉴定反应的灵敏度一般同时用检出限量和最低浓度来表示。

检出限量：在一定条件下，利用某反应能检出某离子的最小量，用 m 表示，单位为微克(μg)。

最低浓度：在一定条件下，被检出离子能得到肯定结果的最低浓度，用 ρ_B 或 $1:G$ 表示。G 是含有 1 g 被鉴定离子的溶剂的质量，ρ_B 的单位为μg/mL，因此两者的关系是 $\rho_B G=10^6$。

检出限量越低，最低浓度越小，则此鉴定反应的灵敏度越高。对于同一离子，不同鉴定反应具有不同的灵敏度。每一鉴定反应所能检出的离子都是有一定量的限度。利用某一反应鉴定某一离子，若得到否定的结果，只能说明此离子的存在量小于该反应所示的灵敏度，不能说明此离子不存在。所以，每一个鉴定反应都包含有量的含义。

通常表示某鉴定方法的灵敏度时，要同时指出其最低浓度(相对量)和检出限量(绝对量)，而不用指明试液的体积。在实际分析中，ρ_B 低于 1 mg/mL (1∶1000)，即 m 小于 50μg 的方法已难于满足鉴定的要求。

3）鉴定反应的选择性

如果加入的试剂只对一种离子起反应，则这一反应的选择性最高，称为该离子的专属反应。一种试剂只与为数不多的离子起作用，则这种反应称为选择性反应。与加入的试剂起反应的离子越少，则这一反应的选择性越高。对于选择性高的反应，则可以通过控制溶液的酸度、掩蔽干扰离子、分离干扰离子的方法使其成为专属反应。

ⅢA 族到ⅦA 族的 22 种非金属元素在形成化合物时常常生成阴离子，阴离子可分为简单阴离子和复杂阴离子，简单阴离子只含有一种非金属元素，复杂阴离子是由两种和两种以上元素构成的酸根或配离子。常见阴离子与常用试剂的反应见表 22-1。

表 22-1　常见阴离子与常用试剂的反应

试剂 离子	气体放出 (稀 H_2SO_4)	Ba^{2+} (中性或弱碱性)	Ag^+ (稀 HNO_3)	氧化性阴离子试验 KI(稀 H_2SO_4)	还原性阴离子试验	
					I_2-淀粉 (稀 H_2SO_4)	$KMnO_4$ (稀 H_2SO_4)
SO_4^{2-}		白色沉淀	*			
SO_3^{2-}	酸性气体	沉淀可溶酸			反应	反应
$S_2O_3^{2-}$	气体+混浊	*	沉淀转灰色		反应	反应
S^{2-}	酸性气体 (臭鸡蛋味)		黑色沉淀		反应	反应
CO_3^{2-}	酸性气体	沉淀可溶酸				
PO_4^{3-}		沉淀可溶酸				
AsO_4^{3-}		沉淀可溶酸		反应		
SiO_3^{2-}	白色沉淀	白色沉淀				
Cl^-			白色沉淀			
Br^-			淡黄沉淀			反应
I^-			黄色沉淀			反应
CN^-	酸性气体		*		反应	反应
NO_2^-	酸性气体			反应		反应
NO_3^-				*		

* 表示浓度大时才有反应。

由表 22-1 可见，阴离子有两个特点：在实验过程中容易起变化，不易于进行手续繁多的系统分析；彼此共存的机会很少，且可利用的特效反应较多，故常采用分别分析法。

四、实验内容

1. 常见阴离子的鉴定

1) CO_3^{2-} 的鉴定

向离心试管中滴入 10 滴 1.0 mol/L Na_2CO_3 溶液，用 pH 试纸测定其 pH，然后滴 10 滴 6 mol/L HCl，观察现象。将沾有饱和 $Ba(OH)_2$ 溶液的玻璃棒伸入上述试管，置于溶液上方，观察实验现象。

干扰离子：SO_3^{2-}、$S_2O_3^{2-}$。

处理方法：先加入 3% H_2O_2 氧化。

2) NO_3^- 的鉴定

方法一：取 2 滴 0.1 mol/L NO_3^- 于点滴盘上，在溶液中央放 1 小粒 $FeSO_4$ 晶体，然后在晶体上加 1 滴浓 H_2SO_4。如结晶周围有棕色出现，示有 NO_3^- 存在。

$$3Fe^{2+} + NO_3^- + 4H^+ \longrightarrow 3Fe^{3+} + NO + 2H_2O$$

$$[Fe(H_2O)_6]^{2+} + NO \longrightarrow [Fe^{2+}(NO)(H_2O)_5]^{2+}(\text{棕色}) + H_2O$$

方法二：将 NO_3^- 试液以 H_2SO_4 酸化后，加入二苯胺的浓 H_2SO_4 溶液，NO_3^- 存在时溶液变为深蓝色。此反应受 NO_2^- 的干扰，必须事先在酸性溶液中加入尿素，并加热使其分解。

$$2NO_2^- + CO(NH_2)_2 + 2H^+ \longrightarrow CO_2\uparrow + 2N_2\uparrow + 3H_2O$$

$$m = 0.5\ \mu g \qquad \rho_B = 10\ \mu g/mL$$

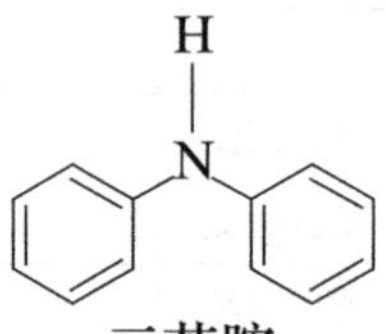

二苯胺

注意：二苯胺的浓硫酸溶液遇硝酸盐产生苯胺蓝的蓝色沉淀，此法可鉴定硝酸盐。

3) NO_2^- 的鉴定

取 2 滴 0.1 mol/L NO_2^- 试液于点滴板上，加 1 滴 6 mol/L HAc 溶液酸化，再加 1 滴对氨基苯磺酸和 1 滴 α-萘胺，如有玫瑰红色出现，示有 NO_2^- 存在。这是鉴定 NO_2^- 的专属反应。

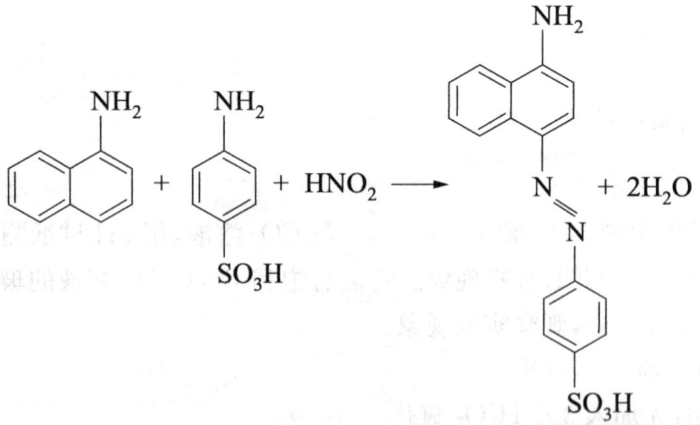

$$m=0.01\ \mu g \qquad \rho_B=0.2\ \mu g/mL$$

注意：先加对氨基苯磺酸后加 α-萘胺，滴加顺序不能更换。

4) SO_4^{2-} 的鉴定

取 5 滴 0.1 mol/L SO_4^{2-} 试液于试管中，加 2 滴 6 mol/L HCl 溶液和 1 滴 0.1 mol/L Ba^{2+}溶液，如有白色沉淀，示有 SO_4^{2-} 存在。

干扰离子：SO_3^{2-}、SiO_3^{2-}、$S_2O_3^{2-}$。

$$m = 5\ \mu g \qquad \rho_B = 100\ \mu g/mL$$

5) SO_3^{2-} 的鉴定

在盛有 5 滴 0.5 mol/L SO_3^{2-} 试液的试管中，加入 2 滴 1 mol/L H_2SO_4 溶液，迅速加入 1 滴 0.01 mol/L $KMnO_4$ 溶液，如紫色褪去，示有 SO_3^{2-} 存在。

注意：$KMnO_4$ 溶液不能过量。

6) $S_2O_3^{2-}$ 的鉴定

取 0.1 mol/L $S_2O_3^{2-}$ 试液 3 滴于试管中，加入 10 滴 0.1 mol/L $AgNO_3$ 溶液，摇动，如白色沉淀迅速变棕变黑，示有 $S_2O_3^{2-}$ 存在。

7) PO_4^{3-} 的鉴定

取 3 滴 1.0 mol/L PO_4^{3-} 试液于离心管中，加 5 滴 6 mol/L HNO_3 溶液酸化后，再加入 8～10 滴 10% $(NH_4)_2MoO_4$ 试剂，温热，如有黄色沉淀生成，示有 PO_4^{3-} 存在。

$$PO_4^{3-} + 3NH_4^+ + 12MoO_4^{2-} + 24H^+ \longrightarrow (NH_4)_3PO_4 \cdot 12MoO_3 \cdot 6H_2O\downarrow + 6H_2O$$

$$m = 1.25\ \mu g(P_2O_5) \quad \rho_B = 25\ \mu g/mL$$

AsO_4^{3-} 或 SiO_3^{2-} 的干扰可以加酒石酸消除。使用玻璃器皿时，溶液中经常含有微量 SiO_3^{2-}，故在鉴定 PO_4^{3-} 时，无论是否已鉴定出 SiO_3^{2-}，都要采取消除 SiO_3^{2-} 干扰的措施。

$$m = 1.5\ \mu g(P_2O_5) \qquad \rho_B = 30\ \mu g/mL(\text{在 } SiO_3^{2-} \text{ 存在下})$$

8) S^{2-}的鉴定

取 1 滴 0.5 mol/L S^{2-}试液于离心试管中，加 1 滴 2 mol/L NaOH 溶液碱化，再加 1 滴 9%亚硝酰铁氰化钠{$Na_2[Fe(CN)_5NO]$}试剂，如溶液变成紫色，示有 S^{2-}存在。

$$4Na^+ + S^{2-} + [Fe(CN)_5NO]^{2-} \longrightarrow Na_4[Fe(CN)_5NOS]$$

$$m = 1\ \mu g(P_2O_5) \quad \rho_B = 20\ \mu g/mL$$

9) Cl^-的鉴定

取 3 滴 0.1 mol/L Cl^-试液于离心管中，加入 1 滴 6 mol/L HNO_3 溶液酸化，再滴加 0.1 mol/L $AgNO_3$ 溶液。如有白色沉淀产生，初步说明试液中可能有 Cl^-

存在。将离心管置于水浴上微热，离心分离，弃去清液，于沉淀上加入3～5滴6 mol/L氨水，用细玻璃棒搅拌，沉淀立即溶解，再加入5滴浓HNO_3酸化，如重新生成白色沉淀，示有Cl^-存在。

10) I^-的鉴定

取5滴0.1 mol/L I^-试液于离心管中，加入2滴2 mol/L H_2SO_4及3滴CCl_4，然后逐滴加入氯水，并不断震荡试管，如CCl_4层呈现紫红色(I_2)，然后褪至无色(IO_3^-)，示有I^-存在。

11) Br^-的鉴定

取5滴0.1 mol/L Br^-试液于离心管中，加3滴2 mol/L H_2SO_4溶液及2滴CCl_4，然后逐滴加入5滴氯水，并不断震荡试管，如CCl_4层呈现黄色或橙黄色，示有Br^-存在。

2. 混合离子的分离和鉴定

1) S^{2-}、SO_3^{2-}、$S_2O_3^{2-}$混合物的分离和鉴定

在试管中分别滴加几滴Na_2SO_3、NaS_2O_3、Na_2S溶液，按照图22-1进行分离鉴定。

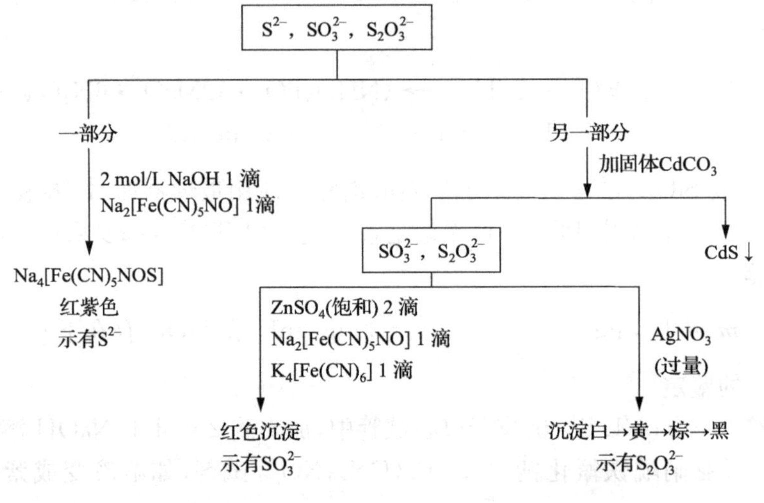

图22-1 S^{2-}、SO_3^{2-}、$S_2O_3^{2-}$分离鉴定方法

取少量S^{2-}、SO_3^{2-}、$S_2O_3^{2-}$混合试液，分为两部分。一部分试液加入NaOH碱化，再加亚硝酰铁氰化钠，若有特殊紫红色产生，示有S^{2-}存在。

另一部分试液鉴定SO_3^{2-}、$S_2O_3^{2-}$。试液中先加固体$CdCO_3$除去S^{2-}。再将混合试液分为两份，一份鉴定SO_3^{2-}，另一份鉴定$S_2O_3^{2-}$。再分别加入各离子的特效试剂，如图22-1所示。

2) Cl^-、Br^-、I^-混合液的分离和鉴定

自行设计分离方案和鉴定方法。

五、实验习题

(1) 取下列盐中之两种混合，加水溶解时有沉淀生成。将沉淀分成两份，一份溶于 HCl 溶液，另一份溶于 HNO_3 溶液。试指出下列哪两种盐混合时可能有此现象。

$BaCl_2$ $AgNO_3$ Na_2SO_4 $(NH_4)_2CO_3$ KCl

(2) 有一阴离子未知液，用稀 HNO_3 调节至酸性后，加入 $AgNO_3$ 试剂，发现并无沉淀生成，则可以确定有哪几种阴离子不存在？

注意事项：

(1) 离子鉴定所用试液取量应适当，一般取 3～10 滴为宜，过多或过少对分离鉴定均有一定影响。

(2) 利用沉淀分离时，沉淀剂的浓度和用量应适量，以保证被沉淀离子沉淀完全。但又不是越多越好，若用量太多，会引起较强盐效应，反而增大沉淀的溶解度。

(3) 分离后的沉淀应用去离子水洗涤，以保证分离效果。

六、拓展知识

阴离子的分析特性

在进行混合阴离子的分析鉴定时，一般是利用阴离子的分析特性进行初步试验，确定离子存在的可能范围，然后进行个别离子的鉴定。阴离子的分析特性主要有：

(1) 低沸点酸和易分解酸的阴离子与酸作用放出气体或产生沉淀，利用产生气体的物理化学性质(表 22-1)，可初步推断阴离子 CO_3^{2-}、SO_3^{2-}、$S_2O_3^{2-}$、S^{2-}、NO_2^-是否存在。

(2) 除碱金属盐和 NO_3^-、ClO_3^-、ClO_4^-、Ac^-等阴离子形成的盐易溶解外，其余的盐类大多数是难溶的。目前一般多采用钡盐和银盐的溶解性差别，将常见的 15 种阴离子分为 3 组，见表 22-2。由此可确定整组离子是否存在。

表 22-2 常见阴离子分组

组别	组试剂	组内阴离子	特征
第一组	$BaCl_2$ (中性或弱碱性)	CO_3^{2-}、SO_4^{2-}、SO_3^{2-}、$S_2O_3^{2-}$、SiO_3^{2-}、PO_4^{3-}、AsO_4^{3-}、AsO_3^{3-} *	钡盐难溶于水(除 $BaSO_4$外其他钡盐溶于酸)；银盐溶于 HNO_3
第二组	$AgNO_3$ (稀、冷 HNO_3)	Cl^-、Br^-、I^-、S^{2-}	银盐难溶于水和稀 HNO_3 (Ag_2S溶于热 HNO_3)
第三组	无组试剂	NO_2^-、NO_3^-、Ac^-	钡盐和银盐都溶于水

* 表示从浓溶液中析出。

(3) 除 Ac^-、CO_3^{2-}、SO_4^{2-} 和 PO_4^{3-} 外，绝大多数阴离子具有不同程度的氧化还原性，在溶液中可能相互作用，改变离子原来的存在形式。在酸性溶液中，强还原性的阴离子 SO_3^{2-}、$S_2O_3^{2-}$、S^{2-} 可被 I_2 氧化。利用加入 I_2^- 淀粉溶液后是否褪色，可判断这些阴离子是否存在。用强氧化剂 $KMnO_4$ 与之作用，若红色消失，则还可能有 Br^-、I^- 弱还原性阴离子存在；如红色不消失，则上述还原性阴离子都不存在。Cl^- 的还原性更弱，只有在 Cl^- 和 H^+ 浓度较大时，Cl^- 才能将 $KMnO_4$ 还原。

(4) 常见 15 种阴离子的分组，见表 22-2。

在酸性溶液中，氧化性阴离子 NO_2^- 可氧化 I^- 成为 I_2，使淀粉溶液变蓝，用 CCl_4 萃取后，CCl_4 层呈现紫红色，而 NO_3^- 只有浓度大时才有类似反应。AsO_4^{3-} 氧化 I^- 成为 I_2 的反应是可逆的，若在中性或弱碱性时，I_2 能氧化 AsO_3^{3-} 生成 AsO_4^{3-}。

根据以上阴离子的分析特性进行初步试验，可以对试液中可能存在的阴离子作出判断，然后根据存在离子的性质差异和特征反应分别进行鉴定。

(执笔：朱宇萍；审定：覃松)

实验二十三　常见阳离子的分离与鉴定

一、实验目的

巩固和进一步掌握一些金属元素及其化合物的化学性质；了解常见阳离子混合液的分离和检出的方法以及巩固检出离子的操作。

二、实验仪器和试剂

仪器：离心机、普通试管、离心试管、烧杯、点滴板、玻璃棒。

试剂：Ag^+、Hg^{2+}、Pb^{2+}、Cu^{2+}、Fe^{3+}、Al^{3+}、Ba^{2+}混合溶液(七种离子均为硝酸盐，其浓度都为 0.5 mol/L)、HCl (2 mol/L，6 mol/L，浓)、NaOH (6 mol/L)、HAc (2 mol/L，6 mol/L)、HNO_3 (6 mol/L)、$NH_3 \cdot H_2O$ (6 mol/L)、NaCl (1 mol/L)、KCl (1 mol/L)、$MgCl_2$ (0.5 mol/L)、$CaCl_2$ (0.5 mol/L)、$BaCl_2$ (0.5 mol/L)、NaAc(2 mol/L)、K_2CrO_4 (1 mol/L)、$AlCl_3$ (0.5 mol/L)、$SnCl_2$ (0.5 mol/L)、$HgCl_2$(0.2 mol/L)、$Pb(NO_3)_2$(0.5 mol/L)、$SbCl_3$(0.1 mol/L)、$Bi(NO_3)_3$(0.1 mol/L)、$CuCl_2$(0.5 mol/L)、$K_4[Fe(CN)_6]$ (0.5 mol/L)、$AgNO_3$ (0.1 mol/L)、$ZnSO_4$(0.2 mol/L)、$Cd(NO_3)_2$(0.2 mol/L)、$HgCl_2$(0.1 mol/L)、Na_2S (0.5 mol/L)、H_2SO_4(6 mol/L)、乙酸铀酰锌(饱和)、$NaHC_4H_4O_6$(饱和)、$(NH_4)_2C_2O_4$(饱和)、Na_2CO_3(饱和)、镁试剂、0.1%铝试剂、苯、罗丹明 B、2.5%硫脲、$(NH_4)_2[Hg(SCN)_4]$试剂、亚硝酸钠固体、酒石酸锑钾(饱和)。

三、实验原理

常见阳离子与常用试剂的反应见表 23-1。

四、实验内容

1. 碱金属和碱土金属离子的鉴定

1) Na^+的鉴定

在盛有 0.5 mL 1 mol/L NaCl 溶液的试管中，加入 5 滴饱和乙酸铀酰锌溶液，用玻璃棒摩擦试管壁，若有柠檬黄色结晶形沉淀生成，则示有 Na^+存在。

$$Na^+ + Zn^{2+} + 3UO_2^{2+} + 9Ac^- + 9H_2O = NaAc \cdot Zn(Ac)_2 \cdot 3UO_2(Ac)_2 \cdot 9H_2O\downarrow$$

$$m = 12.5\ \mu g \qquad \rho_B = 250\ \mu g/mL$$

表 23-1　常见阳离子与常用试剂的反应

试剂＼离子	HCl	H_2S (0.2～0.6 mol/L HCl)	硫化物沉淀加 Na_2S	$(NH_4)_2S$	$(NH_4)_2CO_3$	NaOH		NH_3		H_2SO_4
						适量	过量	适量	过量	
Ag^+	$AgCl\downarrow$白	$Ag_2S\downarrow$黑	不溶	$Ag_2S\downarrow$黑	$Ag_2CO_3\downarrow$白 过量试剂→ $Ag(NH_3)_2^+$	$Ag_2O\downarrow$褐	不溶	$Ag_2O\downarrow$ 褐	$Ag(NH_3)_2^{2+}$	$Ag_2SO_4\downarrow$白 Ag^+浓度大时析出
Hg_2^{2+}	$Hg_2Cl_2\downarrow$白	$HgS\downarrow$＋ $Hg\downarrow$黑	HgS_2^{2-}＋ $Hg\downarrow$	$HgS\downarrow$＋ $Hg\downarrow$黑	$Hg_2CO_3\downarrow$淡黄 →$HgO\downarrow$＋ $Hg\downarrow$黑	$Hg_2O\downarrow$黑	不溶	$NH_2HgCl\downarrow$ 白＋$Hg\downarrow$黑	不溶	$Hg_2SO_4\downarrow$白
Pb^{2+}	$PbCl_2\downarrow$白	$PbS\downarrow$黑	不溶	$PbS\downarrow$黑	碱式盐$\downarrow$白	$Pb(OH)_2\downarrow$ 白	PbO_2^{2-}	$Pb(OH)_2\downarrow$ 白	不溶	$PbSO_4\downarrow$白
Bi^{3+}		$Bi_2S_3\downarrow$暗褐	不溶	$Bi_2S_3\downarrow$暗褐	碱式盐$\downarrow$白	$Bi(OH)_3\downarrow$ 白	不溶	$Bi(OH)_3\downarrow$ 白	不溶	
Cu^{2+}		$CuS\downarrow$黑	不溶	$CuS\downarrow$黑	碱式盐$\downarrow$ 浅蓝	$Cu(OH)_2\downarrow$ 浅蓝	部分 CuO_2^{2-}	$Cu(OH)_2\downarrow$ 浅蓝	$Cu(NH_3)_4^{2+}$	
Cd^{2+}		$CdS\downarrow$亮黄	不溶	$CdS\downarrow$亮黄	碱式盐$\downarrow$白	$Cd(OH)_2\downarrow$ 白	不溶	$Cd(OH)_2\downarrow$ 白	$Cd(NH_3)_4^{2+}$	
Hg^{2+}		$HgS\downarrow$黑	HgS_2^{2-}	$HgS\downarrow$黑	碱式盐$\downarrow$白	$HgO\downarrow$黄	不溶	$NH_2HgCl\downarrow$ 白	不溶	
As^{3+}		$As_2S_3\downarrow$黄	AsS_3^{3-}	AsS_3^{3-}						

续表

试剂＼离子	HCl	H_2S (0.2～0.6 mol/L HCl)	硫化物沉淀加 Na_2S	$(NH_4)_2S$	$(NH_4)_2CO_3$	NaOH 适量	NaOH 过量	NH_3 适量	NH_3 过量	H_2SO_4
Sb^{3+}		$Sb_2S_3\downarrow$橙	SbS_3^{3-}	$Sb_2S_3\downarrow$橙	$HSbO_2\downarrow$白	$HSbO_2\downarrow$ 白	SbO_2^{2-}	$HSbO_2\downarrow$ 白	不溶	
Sn^{2+}		$SnS\downarrow$褐	不溶	$SnS\downarrow$褐	$Sn(OH)_2\downarrow$ 白	$Sn(OH)_2\downarrow$ 白	SnO_2^{2-}	$Sn(OH)_2\downarrow$ 白	不溶	
Sn^{4+}		$SnS_2\downarrow$黄	SnS_3^{2-}	$SnS_2\downarrow$黄	$Sn(OH)_4$ $\downarrow$白	$Sn(OH)_4\downarrow$ 白	SnO_3^{2-}	$Sn(OH)_4\downarrow$ 白	不溶	
Al^{3+}				$Al(OH)_3$ $\downarrow$白	$Al(OH)_3$ $\downarrow$白	$Al(OH)_3\downarrow$ 白	AlO_2^-	$Al(OH)_3\downarrow$ 白	不溶	
Cr^{3+}				$Cr(OH)_3\downarrow$ 灰绿	$Cr(OH)_3\downarrow$ 灰绿	$Cr(OH)_3\downarrow$ 灰绿	CrO_2^- 亮绿	$Cr(OH)_3\downarrow$ 灰绿	部分溶解	
Fe^{3+}				$Fe_2S_3\downarrow$ + $FeS\downarrow$黑	碱式盐$\downarrow$ 红褐	$Fe(OH)_3\downarrow$ 红棕	不溶	$Fe(OH)_3\downarrow$ 红棕	不溶	
Fe^{2+}				$FeS\downarrow$黑	碱式盐$\downarrow$ 绿渐变红棕	$Fe(OH)_2\downarrow$ 绿渐变红棕	不溶	$Fe(OH)_2\downarrow$ 绿渐变红棕	不溶	
Co^{2+}				$CoS\downarrow$黑	碱式盐$\downarrow$ 蓝紫	碱式盐$\downarrow$ 蓝	$Co(OH)_3\downarrow$ 粉红	碱式盐$\downarrow$ 蓝	$Co(NH_3)_6^{2+}$ 土黄 $\downarrow$ $Co(NH_3)_6^{3+}$ 粉红	

续表

试剂＼离子	HCl	H_2S (0.2～0.6 mol/L HCl)	硫化物沉淀加 Na_2S	$(NH_4)_2S$	$(NH_4)_2CO_3$	NaOH		NH_3		H_2SO_4
						适量	过量	适量	过量	
Ni^{2+}				$NiS\downarrow$ 黑	碱式盐↓ 浅绿	碱式盐↓ 浅绿	$Ni(OH)_2\downarrow$ 绿	碱式盐↓ 浅绿	$Ni(NH_3)_6^{2+}$ 淡紫	
Zn^{2+}				$ZnS\downarrow$ 白	碱式盐↓白	$Zn(OH)_2\downarrow$ 白	ZnO_2^-	$Zn(OH)_2\downarrow$ 白	$Zn(NH_3)_4^{2+}$	
Mn^{2+}				$MnS\downarrow$ 肉色	$MnCO_3\downarrow$ 白	$Mn(OH)_2\downarrow$ 肉色变棕褐色	不溶	$Mn(OH)_2\downarrow$ 肉色变棕褐色	不溶	
Ba^{2+}					$BaCO_3\downarrow$ 白					$BaSO_4\downarrow$ 白
Sr^{2+}					$SrCO_3\downarrow$ 白					$SrSO_4\downarrow$ 白
Ca^{2+}					$CaCO_3\downarrow$ 白	少量 $Ca(OH)_2\downarrow$ 白	不溶			$CaSO_4\downarrow$ 白
Mg^{2+}					碱式盐↓ NH_4^+ 浓度大时不沉淀	$Mg(OH)_2\downarrow$ 白	不溶	部分 $Mg(OH)_2\downarrow$ 白	不溶	

2) K^+的鉴定

在盛有0.5 mL 1 mol/L KCl溶液的试管中，加入0.5 mL饱和酒石酸氢钠$NaHC_4H_4O_6$溶液，如有白色沉淀生成，显示有K^+存在。如无沉淀产生，可用玻璃棒摩擦试管内壁，静置片刻，观察现象。

$$K^+ + HC_4H_4O_6^- \longrightarrow KHC_4H_4O_6 \downarrow$$

3) Mg^{2+}的鉴定

在盛有2滴0.5 mol/L $MgCl_2$溶液的试管中，滴加6 mol/L NaOH溶液，直到白色絮状沉淀产生为止，然后加入一滴镁试剂，搅拌，若生成蓝色沉淀，示有Mg^{2+}存在。

$$m = 0.5\ \mu g \qquad \rho_B = 10\ \mu g/mL$$

4) Ca^{2+}的鉴定

在盛有0.5 mL 0.5 mol/L $CaCl_2$溶液的离心试管中，滴加10滴饱和草酸铵溶液，有白色沉淀生成。离心分离，弃清液。若白色沉淀不溶于6 mol/L HAc溶液而溶于2 mol/L HCl，表示有Ca^{2+}存在，写出反应方程式。

干扰离子Ba^{2+}存在时，可在溶液中加入饱和$(NH_4)_2SO_4$。

$$m = 1\ \mu g \qquad \rho_B = 20\ \mu g/mL$$

5) Ba^{2+}的鉴定

在加入2滴0.5 mol/L $BaCl_2$溶液的离心试管中，加2 mol/L HAc和2 mol/L NaAc各2滴，然后滴加2滴1 mol/L K_2CrO_4，若有黄色沉淀生成，表示有Ba^{2+}存在。写出反应方程式。

$$m = 3.5\ \mu g \qquad \rho_B = 70\ \mu g/mL$$

2. p区和ds区部分金属离子的鉴定

1) Al^{3+}的鉴定

取5滴0.5 mol/L $AlCl_3$溶液于小试管中，加2滴水、2滴2 mol/L HAc及2滴0.1%铝试剂(金黄色素三羧酸铵)，搅拌后，置于水浴上加热片刻，再加入1～2滴6 mol/L氨水，若有红色絮状沉淀生成，示有Al^{3+}存在。

$$m = 0.16\ \mu g \qquad \rho_B = 3\ \mu g/mL$$

铝试剂为3-[双(3-羧基-4-羟基苯基)亚甲基]-6-氧-1,4-环己烯-1-羧酸三铵盐。结构式：

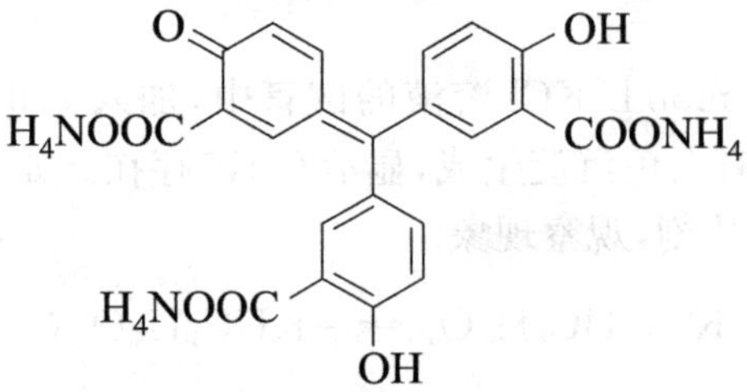

2) Sn^{2+}的鉴定

取 5 滴 0.5 mol/L $SnCl_2$ 溶液于小试管中，逐滴加入 0.2 mol/L $HgCl_2$，边加边振荡，若产生的沉淀由白色变为灰色，然后变为黑色，示有 Sn^{2+} 存在。

$$m = 0.6\ \mu g \qquad \rho_B = 12.5\ \mu g/mL$$

3) Pb^{2+}的鉴定

取 2 滴 0.5 mol/L $Pb(NO_3)_2$ 溶液于小试管中，加 2 滴 1 mol/L K_2CrO_4，若有黄色的沉淀产生，在沉淀上滴加数滴 6 mol/L NaOH 溶液，若沉淀溶解，示有 Pb^{2+} 存在。

$$m = 0.25\ \mu g \qquad \rho_B = 5\ \mu g/mL$$

4) Sb^{3+}的鉴定

取 5 滴 0.1 mol/L $SbCl_3$ 试液于离心试管中，加 3 滴浓盐酸及数粒亚硝酸钠，将 Sb(Ⅲ)氧化为 Sb(Ⅴ)，当无气体放出时，加数滴苯及 2 滴罗丹明 B 溶液，苯层显紫色，示有 Sb^{3+} 存在。

$$SbCl_3 + 3HCl(浓) = H_3SbCl_6$$

$$[SbCl_6]^{3-} + 2NaNO_2 + 4H^+ = [SbCl_6]^- + 2NO\uparrow + 2H_2O + 2Na^+$$

$$[SbCl_6]^- + 罗丹明\ B \longrightarrow 紫色离子缔合物$$

罗丹明 B 结构式：

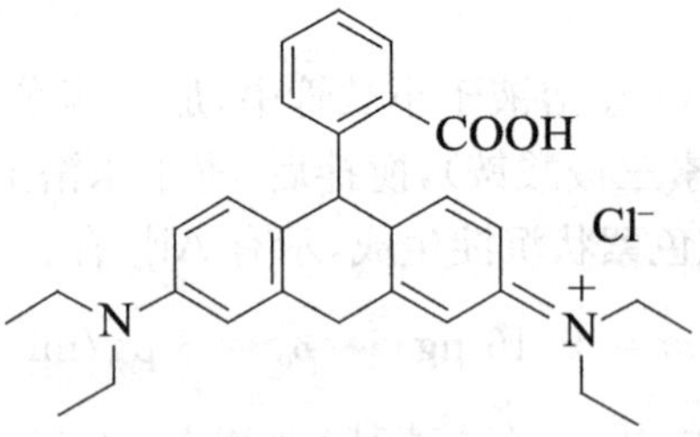

5) Bi^{3+}的鉴定

取 1 滴 0.1 mol/L $Bi(NO_3)_3$ 试液于试管中，加 1 滴 2.5%的硫脲，若生成鲜黄色配合物，示有 Bi^{3+}。

$$Bi^{3+} + CS(NH_2)_2 = Bi[CS(NH_2)_2]^{3+}$$

6) Cu^{2+}的鉴定

取1滴0.5 mol/L $CuCl_2$溶液于小试管中，加1滴6 mol/L HAc溶液酸化，再加1滴0.5 mol/L $K_4[Fe(CN)_6]$溶液，若有红棕色的沉淀产生，示有Cu^{2+}存在。

$$2Cu^{2+} + Fe(CN)_6^{4-} = Cu_2Fe(CN)_6 \downarrow$$

$$m = 3\ \mu g \qquad \rho_B = 61\ \mu g/mL$$

7) Ag^+的鉴定

取5滴0.1 mol/L $AgNO_3$溶液于小试管中，加5滴2 mol/L HCl，产生白色的沉淀，在沉淀上滴加6 mol/L 氨水至沉淀完全溶解。此溶液再用6 mol/L HNO_3溶液酸化，若产生白色沉淀，示有Ag^+存在。

$$m = 0.5\ \mu g \qquad \rho_B = 10\ \mu g/mL$$

8) Zn^{2+}的鉴定

取3滴0.2 mol/L $ZnSO_4$溶液于小试管中，加2滴2 mol/L HAc溶液酸化，再加3滴硫氰酸汞铵$(NH_4)_2[Hg(SCN)_4]$溶液，摩擦试管内壁，若有白色的沉淀产生，示有Zn^{2+}存在。

$$Zn^{2+} + Hg(SCN)_4^{2-} = Zn[Hg(SCN)_4] \downarrow$$

干扰离子Fe^{3+}存在时，可加NH_4F掩蔽。

$$m = 0.5\ \mu g \qquad \rho_B = 10\ \mu g/mL$$

9) Cd^{2+}的鉴定

取3滴0.2 mol/L $Cd(NO_3)_2$溶液于小试管中，加2滴0.5 mol/L Na_2S溶液，若有亮黄色的沉淀产生，示有Cd^{2+}存在。

$$m = 5\ \mu g \qquad \rho_B = 100\ \mu g/mL$$

10) Hg^{2+}的鉴定

取2滴0.1 mol/L $HgCl_2$溶液于小试管中，逐滴加0.5 mol/L $SnCl_2$溶液，边加边振荡，观察沉淀颜色的变化过程，若最后变为灰色，示有Hg^{2+}存在。

$$m = 1\ \mu g \qquad \rho_B = 20\ \mu g/mL$$

3. 部分混合离子的分离和鉴定

混合试液：Ag^+ 2滴，Cd^{2+}、Al^{3+}、Na^+、Ba^{2+}试液各5滴，加到离心试管中，混合均匀，按图23-1进行分离和鉴定。

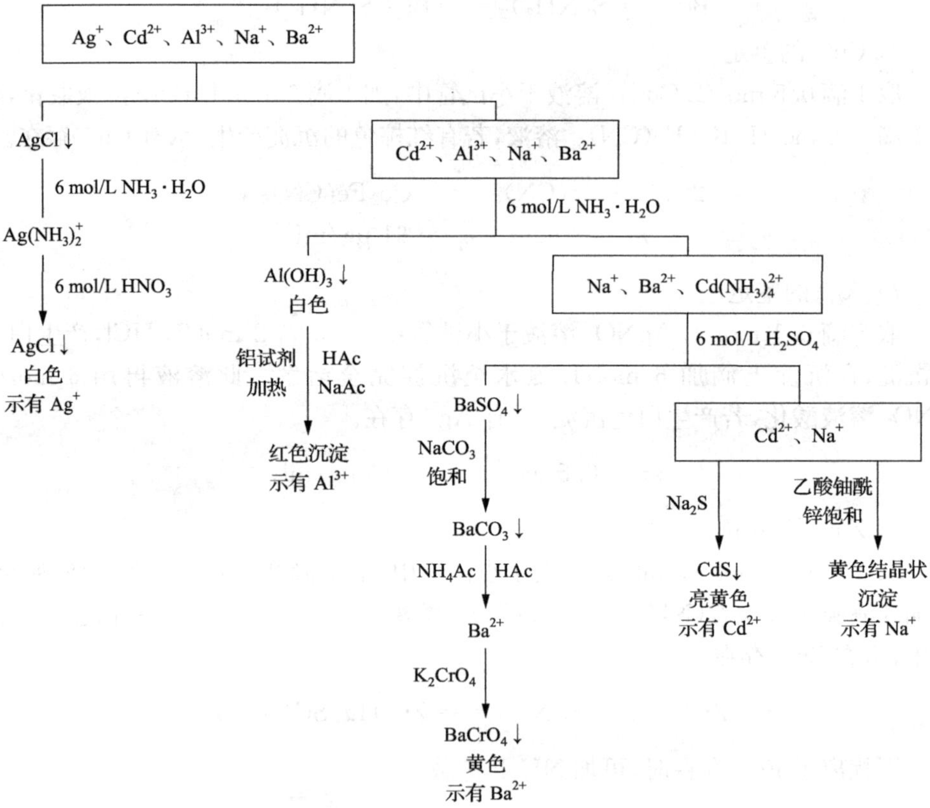

图 23-1　混合离子的分离与鉴定

1) Ag^+的分离和鉴定

在混合试液中，滴加 1 滴 6 mol/L HCl，充分振荡，在沉淀生成时再滴加 1 滴 6 mol/L HCl 至沉淀完成，搅拌片刻，离心分离，将上层溶液移到另一支离心试管中，留作实验 2)备用。沉淀用 1 滴 6 mol/L HCl 和 10 滴蒸馏水洗涤，离心分离，洗涤液并入上面的清液中。在沉淀上加入 2～3 滴 6 mol/L $NH_3 \cdot H_2O$，搅拌，使之溶解，在所得清液中加入 1～2 滴 6 mol/L HNO_3 溶液酸化，若有白色沉淀析出，示有 Ag^+存在。

2) Al^{3+}的分离和鉴定

向上述实验 1)的清液中滴加 6 mol/L $NH_3 \cdot H_2O$ 至显碱性，搅拌片刻，离心分离，把清液转移到另一支离心试管中，留作实验 3)备用。沉淀中分别加入 2 mol/L HAc 和 NaAc 各 2 滴，再加入 2 滴铝试剂，搅拌后微热，若产生红色沉淀，示有 Al^{3+}存在。

3) Ba^{2+}的分离和鉴定

往 2)备用清液中滴加 6 mol/L H_2SO_4 溶液至产生白色沉淀，再过量 2 滴，搅拌片刻，离心分离，将清液转至另一支试管，作实验4)备用。沉淀用10滴热蒸馏水洗涤，离心分离，洗涤液并入上面的清液中。在沉淀中加入饱和 Na_2CO_3 溶液3～4滴，搅拌片刻，再加入2 mol/L HAc溶液和2 mol/L NaAc溶液各3滴，搅拌片刻，然后加入1～2滴1 mol/L K_2CrO_4 溶液，若产生黄色沉淀，示有 Ba^{2+} 存在。

4) Cd^{2+}、Na^+ 的分离和鉴定

取少量实验3)的清液于一支试管中，加入2～3滴0.5 mol/L Na_2S 溶液，若产生亮黄色沉淀，示有 Cd^{2+} 存在。

另取少量实验3)中的清液于另一支试管中，加入几滴饱和酒石酸锑钾溶液，若产生白色结晶状沉淀，示有 Na^+ 存在。

五、实验习题

(1) 在未知溶液分析中，当由碳酸盐制备铬酸盐沉淀时，为什么用乙酸溶液溶解碳酸盐沉淀，而不用强酸如盐酸溶解？

(2) 解释 Hg^{2+} 鉴定中的颜色变化。

六、拓展知识

生物体内各种金属离子的作用

Ca：人体缺之会患骨软化病，血液中 Ca^{2+} 含量低会引起抽搐，过高则会引起肌无力。

Fe：血红蛋白的组成成分，缺乏Fe会患缺铁性贫血。

Mg：叶绿体的组成元素，很多酶的激活剂，植物缺Mg时老叶易出现叶脉失绿。

B：促进花粉的萌发和花粉管的伸长，缺乏B植物会出现花而不实的现象。

I：甲状腺激素的成分，缺乏I幼儿会患呆小症，成人会患地方性甲状腺肿。

K：血钾含量过低时，会出现心肌的自动节律异常，并导致心律失常。

N：构成叶绿素、蛋白质和核酸的必需元素。动物体内缺N，实际就是缺少氨基酸，会影响到动物体的生长发育。

P：构成磷脂、核酸和ATP的必需元素。植物体内缺P，会影响DNA的复制和RNA的转录，从而影响植物的生长发育。植物缺P时老叶易出现茎叶暗绿或呈紫红色，生育期延迟。

Zn：某些酶的组成成分。

（执笔：朱宇萍；审定：覃松）

实验二十四　离子鉴定和未知物的鉴别

一、实验目的

运用所学的元素及化合物的基本性质，进行常见物质的鉴别或鉴定，进一步巩固常见阳离子和阴离子重要的基本知识。

二、实验试剂

混合离子溶液、盐酸(2 mol/L)、H_2SO_4(3 mol/L)、$NH_2 \cdot H_2O$(6 mol/L)、NaOH(6 mol/L)、$Na_3Co(NO_2)_6$(0.1 mol/L)、CH_2COOH(6 mol/L)、NH_4SCN(饱和)。

三、实验原理

鉴定一个试样或者鉴别一组未知物时，通常应从以下几个方面考虑。

1. 物态

(1) 状态，若为固态要观察它的晶形。
(2) 观察试样的颜色。
(3) 嗅闻试样的气味。

2. 溶解性

首先试验是否溶于冷水、热水，若在水中不溶解，再依次用盐酸(稀、浓)、硝酸(稀、浓)试验其溶解性。

3. 酸碱性

(1) 通过对指示剂反应加以判断。
(2) 两性物质借助于其既能溶于酸，又能溶于碱的性质。
(3) 可溶性盐的酸碱性可用它的水溶液。
(4) 可利用试液的酸碱性排除某些离子的存在可能。

4. 热稳定性

利用化合物(主要是一些含氧酸盐)受热分解温度的差异可以对未知物进行初步区分。

5. 鉴定或鉴别反应

通过初步实验确定未知液离子的范围(见常见阴、阳离子与常见试剂的反应,以及焰色反应、硼砂珠实验)。利用物质性质的不同特点,根据溶液中离子共存情况,设计鉴定方案进行离子鉴定。

四、实验内容

(1) 区分两片银白色金属片:铝片和锌片。

(2) 鉴别四种黑色和近于黑色的氧化物:CuO,Co_2O_3,PbO_2,MnO_2。

(3) 未知水溶液中可能含有 Cr^{3+}、Ca^{2+}、Ag^+、Cu^{2+}、Ni^{2+},设计实验方案以确定未知的溶液中有哪几种离子存在。

(4) 盛有以下十种硝酸盐的试剂瓶标签被腐蚀,试加以鉴别:$AgNO_3$、$Hg(NO_3)_2$、$Hg_2(NO_3)_2$、$Pb(NO_3)_2$、$NaNO_3$、$Cd(NO_3)_2$、$Zn(NO_3)_2$、$Al(NO_3)_3$、KNO_3、$Mn(NO_3)_2$。

(5) 盛有下列十种固体钠盐的试剂瓶标签脱落,试加以鉴别:$NaNO_3$、Na_2S、$Na_2S_2O_3$、Na_3PO_4、NaCl、Na_2CO_3、$NaHCO_3$、Na_2SO_4、NaBr、Na_2SO_3。

五、拓展知识

硼砂珠实验

硼砂珠实验是熔珠实验的一种,而熔珠实验是一种传统的对一些特定金属分析的实验,由瑞典化学家永斯·雅各布·贝采利乌斯在1812年发明并推广。

1. 硼砂珠的制备

用6 mol/L的HCl清洗铂丝,然后置于氧化焰上灼烧片刻,取出后再浸入酸中,如此重复数次至铂丝在氧化焰中不产生离子特征颜色,表示铂丝已经洗净。将处理过的铂丝沾硼砂固体,在氧化焰中灼烧并熔成无色圆珠,即得硼砂珠。

2. 用硼砂珠鉴定钴盐和铬盐

用灼热的硼砂珠沾少量 $Co(NO_3)_2$ 晶体灼烧至熔融状态,冷却后观察。反应如下:

$$Na_2B_4O_7 + Co(NO_3)_2 \longrightarrow 2NaBO_2 \cdot Co(BO_2)_2 + 2NO_2\uparrow + O_2\uparrow$$

用另一灼热硼砂珠沾少量的 $CrCl_3$ 灼烧,观察颜色。

3. 硼砂珠实验的反应实质

熔融状态下的 $Na_2B_4O_7$ 可看成 $2NaBO_2 \cdot B_2O_3$，故上述反应可看成是酸性氧化物 B_2O_3 与碱性氧化物反应生成盐的中和反应。例如：

$$3Na_2B_4O_7 + Co_2O_3 \longrightarrow 6NaBO_2 \cdot 2Co(BO_2)_3\text{(青色)}$$

4. 几种金属的硼砂珠颜色

表 24-1　几种金属的硼砂珠颜色

样品元素	氧化焰		还原焰	
	热时	冷时	热时	冷时
铬	黄色	黄绿色	绿色	绿色
钼	淡黄色	无色～白色	褐色	褐色
锰	紫色	紫红色	无色～灰色	无色～灰色
铁	黄色～淡褐色	黄色～褐色	绿色	淡绿色
钴	青色	青色	青色	青色
镍	紫色	黄褐色	无色～灰色	无色～灰色
铜	绿色	青绿色～淡青色	灰色～绿色	红色

（执笔：朱宇萍；审定：覃松）

实验二十五　植物中几种元素的分离与鉴定

一、实验目的

了解从植物中分离和鉴定某些化学元素的方法。

二、实验原理

植物中的有机体主要由 C、H、O、N 等元素组成，还含有 P、I 和某些金属元素如 Ca、Mg、Al、Fe 等。把植物烧成灰，用酸浸提，可从中分离和鉴定某些元素。

1. 植物中提取化学物质的基本方法

植物或动物体内均含有多种化学元素，这些元素在各类生物体内的含量和所起的作用各不相同。利用化学实验基本知识和技能，可以从中分离和鉴定某些元素。本实验通过对原材料进行灰化、硝化以及分解等处理，分离和检出植物中的 Ca、Mg、Al 和 Fe 四种金属元素和 P、I 两种非金属元素。

1) 原料的采集

植物样品采集的一般原则是植物样品要具有代表性、典型性。

对于植物体内易变化的成分用鲜样测定，如 Mg^{2+} 需要绿叶才能检出；不易变化成分可用干样测定，如上述其他离子。

防止样品在处理过程中带来的各种污染；样品要适当洗涤，及时测定。

本实验选取的样品为枯叶(包含部分绿叶)和海带。

2) 试样的提取

植物分解提取试样有干灰化法和湿消化法两类。

(1) 干灰化法。干灰化法包括灰化和浸取两个过程。

灰化过程指样品通过高温有机物脱水、分解、氧化、炭化(有机物热解使碳含量逐渐增加而形成几乎是纯炭产物的过程)和灰化(使炭化物转变为二氧化碳、水和灰，直至残留物为白色或浅灰色的无机成分)。

注意：碳化和灰化应平稳和充分。原因在于：样品灼烧时，试样中的水分在高温下急剧蒸发，使试样飞扬；防止糖、蛋白质、淀粉等易发泡膨胀的物质在高温下发泡膨胀而溢出坩埚；防止直接灼烧时碳粒被包住，使灰化不完全。

灰化完成之后需要浸取，使待测元素以游离态定量转移至溶液中，再用仪器分析或化学分析的方法进行测定。

浸取过程是选择适当溶剂或者化学试剂将固体中的某些成分提取至溶液中。

(2) 湿消化法。湿消化法属于氧化分解法，指用单一酸、混合酸或与过氧化氢及其他氧化剂的混合液，在一定温度下分解试样中的有机物，此过程也称为湿法消解。用于湿法消解的混合液包括硝酸-硫酸、硝酸-高氯酸、硝酸-高氯酸-硫酸、硫酸-过氧化氢、硝酸-过氧化氢等。

湿法消解的优点是速度比干灰化法快，缺点是因加入大量试剂而引入杂质，因此应尽可能使用高纯度的试剂。

本实验选取高温干灰化法。

2. 各离子的鉴定反应

见本书各离子的鉴定实验。

三、实验仪器和试剂

仪器：漏斗、石棉网、坩埚、泥三角、燃烧匙、镊子。

试剂：HCl(2.0 mol/L)、HNO_3(浓)、HAc(1.0 mol/L)、NaOH(2.0 mol/L)、广泛 pH 试纸。鉴定 Ca^{2+}、Mg^{2+}、Al^{3+}、Fe^{3+}、PO_4^{3-}、I^- 所用的试剂。

材料：树叶、海带。

四、实验步骤

1. 鉴定 Ca、Mg、Al 和 Fe

取约 5 g 洗净、干燥的树叶(若为青叶，用量适当增加)放在蒸发皿中，在通风橱内加热使之炭化，继续加热至不再冒烟、原料完全变白为止，用研钵将植物灰研细。取一勺灰粉(约 0.5 g)，置于 10 mL 2 mol/L HCl 中，温热并搅拌促使灰粉溶解，过滤。

自拟方案鉴定滤液中的 Ca^{2+}、Mg^{2+}、Al^{3+}、Fe^{3+}。

注意：滤液中离子浓度较低，鉴定时取量不宜太少；Fe^{3+} 对 Mg^{2+}、Al^{3+} 鉴定均有干扰，鉴定前应予以分离。

2. 鉴定 PO_4^{3-}

用同上方法制得植物灰粉，取一勺溶于 2 mL 浓 HNO_3 中，温热并搅拌促使溶解，加水 30 mL 稀释、过滤。

自拟方案鉴定滤液中的 PO_4^{3-}。

3. 海带中碘的测定

将海带用上述方法灰化后，取一勺溶于 10 mL 1 mol/L HAc 中，温热并搅拌促使溶解，过滤。

自拟方案鉴定滤液中的 I^-。

注意： 测定碘灰化时，必须控制碘的挥发损失到最小限度。当用干灰化法直接灰化样品时，可能有一部分碘挥发损失，一般采用添加 KOH 与 Na_2CO_3 之类的固定剂，将试样进行碱灰化、熔融等。但即使如此，仍有少量碘损失。因此应特别注意灰化温度、时间与固定剂的种类、数量等灰化条件。

五、实验习题

(1) 植物中还可能含有哪些元素？如何检验？

(2) 植物体中所含的元素是否都可以通过灰分提取液鉴定？为什么？

六、拓展知识

干灰化法分为两类：高温干灰化法、低温干灰化法。

(1) 高温干灰化法通常在马弗炉中进行，将盛有试样的坩埚置于马弗炉中，以大气中的氧气作为氧化剂，逐渐加热至高温(400～600 ℃)，使有机物完全分解，仅留下不挥发的无机残留物。对于液态或湿的试样(如动物组织等)，一般先经100～105 ℃干燥，除去水分及挥发物质，再进行燃烧灰化。该方法简便，可同时处理大量样品。其最主要的缺点是少量金属元素(如 As、Sb、Ge、Ti、Hg 及非金属元素)易挥发，造成部分或全部损失，因此需加入氧化剂作为灰化助剂以加速有机物的灰化，并防止待测元素的挥发。常用的灰化助剂有硫酸、硝酸、硝酸镁等。灰化过程中炉体材料及灰化助剂可能带入干扰，且炉壁在高温下对待测元素有吸附，因此高温灰化法不适用于超痕量金属元素的测定。

(2) 低温灰化法用于测定试样中超痕量金属元素以及挥发性元素，为避免痕量元素的丢失和吸附，降低测定空白。该方法采用射频放电产生活性氧游离基，能在低温下(低于 150 ℃)氧化分解有机物质。该法不会引起 Sb、As、Cs、Co、Cr、Fe、Pb、Mn、Mo、Se、Na 和 Zn 的损失，但灰化装置较贵，且由于激发的氧只作用于试样表面，灰化时间较长。

各种试样灰化的温度见表 25-1。

表 25-1　各种试样灰化的温度

名称	温度/℃	名称	温度/℃
蛋	150～250	根类蔬菜	200～325
肉	150～250	牧草	200～250
鱼	150～250	面粉	175～250
水果(鲜)	175～325	干豆类	175～250
水果(罐头)	175～325	水果汁	175～225
牛奶	175～325	谷物	225～325
蔬菜(罐头)	175～225	通心粉	225～325
蔬菜(鲜)	175～225	面包	225～325

(执笔:苏布道;审定:覃松)

参考文献

巴索罗. 1982. 配位化学金属配合物的化学英汉对照. 宋银柱,等译. 北京:北京大学出版社.

北京师范大学. 1987. 化学实验规范. 北京:北京师范大学出版社.

北京师范大学无机化学教研室. 2008. 无机化学实验. 3 版. 北京:高等教育出版社.

卜玲丽. 2006. 玻璃量器容量的校准方法尝试与讨论. 冶金分析,26(3):90-91.

程春英,等. 2011. 硫代硫酸钠制备实验的改进. 实验室科学,14(1):64-65.

崔爱莉. 2007. 基础无机化学实验. 北京:高等教育出版社.

大连理工大学无机化学教研室. 2011. 无机化学实验. 2 版. 北京:高等教育出版社.

付若农,顾俊岭. 1998. 近代色谱分析. 北京:国防工业出版社.

傅献彩,等. 2006. 物理化学. 下册. 5 版. 北京:高等教育出版社.

何华,倪坤仪. 2004. 现代色谱分析. 北京:化学工业出版社.

河南大学,等. 1989. 配位化学. 郑州:河南大学出版社.

胡坪. 2010. 简明定量化学分析. 上海:华东理工大学出版社.

华中师范大学,东北师范大学,陕西师范大学,等. 2011. 分析化学. 4 版. 北京:高等教育出版社.

华中师范大学,东北师范大学,陕西师范大学,等. 2001. 分析化学实验. 3 版. 北京:高等教育出版社.

金鑫荣. 1987. 气相色谱法. 北京:高等教育出版社.

康希,姜勇,李心爱. 2012. 高校化学实验室废液的处理. 广州化工,40(5):174-176.

李安民. 1989. 实用小化工生产技术. 兰州:甘肃科学技术出版社.

李浩春,卢佩章. 1993. 气相色谱法. 北京:科学出版社.

刘翠梅,杨述韬. 2010. 无机和分析化学实验. 北京:化学工业出版社.

龙光明,马培华. 2006. 甲醛法测定氨的方法的改进及其应用. 理化检验-化学分册,25(2):487-489.

卢佩章,戴朝政. 1989. 色谱理论基础. 北京:科学出版社.

罗勤慧,沈孟长. 1987. 配位化学. 南京:江苏科学技术出版社.

南京大学. 2010. 无机及分析化学. 4 版. 北京:高等教育出版社.

南京大学无机及分析化学实验编写组. 2010. 无机及分析化学实验. 4 版. 北京:高等教育出版社.

沈建中,马林,赵滨,等. 2006. 普通化学实验. 上海:复旦大学出版社.

师治贤,王俊德. 1996. 生物大分子的液相色谱分离和制备. 2 版. 北京:科学出版社.

石贞芹. 2009. 化学实验技术. 北京:高等教育出版社.

覃松,罗泸花,兰子平,等. 2010. 置换法测金属原子量实验的微型化. 内江师范学院学报,25(2):84-86.

天津大学物理化学实验室. 2011. 物理化学. 下册. 5 版. 北京:高等教育出版社.

汪建民. 2007. 基础化学实验. 北京:中国农业出版社.

王美兰,贺平,许卉,等.2002.甲醛法测定尿素总氮含量的若干问题.大学化学,17(6):35-37.
文利柏,虎玉森,白红进.2010.无机化学实验.北京:化学工业出版社.
吴俊森.2006.大学基础化学实验.北京:化学工业出版社.
武汉大学.2011.分析化学实验.5版.北京:高等教育出版社.
谢吉民.2004.基础化学.北京:科学出版社.
叶嘉莹.1989.唐宋词十七讲.长沙:岳麓书社.
曾仁权,朱云云.2008.基础化学实验.重庆:西南师范大学出版社.
张奠宙,等.2000.科学家大辞典.上海:上海辞书出版社,上海科技教育出版社.
浙江大学.2003.无机及分析化学.北京:高等教育出版社.
钟国清.2011.无机及分析化学实验.北京:科学出版社.
周井炎.2008.基础化学实验.上册.2版.武汉:华中科技大学出版社.
周宁怀.2000.微型无机化学实验.北京:科学出版社.
周祖新.2009.无机化学实验.上海:上海交通大学出版社.
邹汉法,张玉奎,卢佩章.2001.高效液相色谱法.北京:科学出版社.
GB/T 6682—2008 分析实验室用水规格和试验方法.2008.北京:中国标准出版社.
JJG 196—2006.常用玻璃器皿检定规程.2006.北京:中国标准出版社.

附　　录

附录1　相对原子质量表

原子序数	元素名称	元素符号	相对原子质量	原子序数	元素名称	元素符号	相对原子质量
1	氢	H	1.0079	26	铁	Fe	55.847
2	氦	He	4.00260	27	钴	Co	58.9332
3	锂	Li	6.941*	28	镍	Ni	58.69
4	铍	Be	9.01218	29	铜	Cu	63.546*
5	硼	B	10.81	30	锌	Zn	65.38
6	碳	C	12.011	31	镓	Ga	69.72
7	氮	N	14.0067	32	锗	Ge	72.59*
8	氧	O	15.9994	33	砷	As	74.9216
9	氟	F	18.998403	34	硒	Se	78.96*
10	氖	Ne	20.179	35	溴	Br	79.904
11	钠	Na	22.98977	36	氪	Kr	83.80
12	镁	Mg	24.305	37	铷	Rb	85.4678*
13	铝	Al	26.98154	38	锶	Sr	87.62
14	硅	Si	28.0855	39	钇	Y	88.9059
15	磷	P	30.97376	40	锆	Zr	91.22
16	硫	S	32.06	41	铌	Nb	92.9064
17	氯	Cl	35.453	42	钼	Mo	95.94
18	氩	Ar	39.948	43	锝	Tc	(98)
19	钾	K	39.0983	44	钌	Ru	101.07
20	钙	Ca	40.08	45	铑	Rh	102.9055
21	钪	Sc	44.9559	46	钯	Pd	106.42
22	钛	Ti	47.88*	47	银	Ag	107.868
23	钒	V	50.9415	48	镉	Cd	112.41
24	铬	Cr	51.996	49	铟	In	114.82
25	锰	Mn	54.9380	50	锡	Sn	118.69*

续表

原子序数	元素名称	元素符号	相对原子质量	原子序数	元素名称	元素符号	相对原子质量
51	锑	Sb	121.75*	79	金	Au	196.9665
52	碲	Te	127.60*	80	汞	Hg	200.59*
53	碘	I	126.9045	81	铊	Tl	204.383
54	氙	Xe	131.29*	82	铅	Pb	207.2
55	铯	Cs	132.9054	83	铋	Bi	208.9804
56	钡	Ba	137.33	84	钋	Po	(209)
57	镧	La	138.9055*	85	砹	At	(210)
58	铈	Ce	140.12	86	氡	Rn	(222)
59	镨	Pr	140.9077	87	钫	Fr	(223)
60	钕	Nd	144.24*	88	镭	Re	226.0254
61	钷	Pm	(145)	89	锕	Ac	227.0278
62	钐	Sm	150.36*	90	钍	Th	232.0381
63	铕	Eu	151.96	91	镤	Pa	231.0359
64	钆	Gd	157.25*	92	铀	U	238.0289
65	铽	Tb	158.9254	93	镎	Np	237.0482
66	镝	Dy	162.50*	94	钚	Pu	(244)
67	钬	Ho	164.9304	95	镅	Am	(243)
68	铒	Er	167.26*	96	锔	Cm	(247)
69	铥	Tm	168.9342	97	锫	Bk	(247)
70	镱	Yb	173.04*	98	锎	Cf	(251)
71	镥	Lu	174.967*	99	锿	Es	(252)
72	铪	Hf	178.49*	100	镄	Fm	(257)
73	钽	Ta	180.9479	101	钔	Md	(258)
74	钨	W	183.85*	102	锘	No	(259)
75	铼	Re	186.207	103	铹	Lr	(260)
76	锇	Os	190.2	104	𬬻	Rf	(261)
77	铱	Ir	192.22*	105	𬭊	Db	(262)
78	铂	Pt	195.08	106	𬭳	Sg	(263)

注：( )表示最稳定的或了解最清楚的同位素；有 * 的末位准确至±3，无 * 的末位准确至±1。

资料来源：戴安邦，沈孟长. 1981. 元素周期表. 上海：上海科学技术出版社.

附录 2　气体在水中的溶解度

表中的符号意义如下：

α 为吸收系数，指在气体分压等于 101.325 kPa 时，被 1 体积水所吸收的该气体体积（已折合成标准状况）；

I 为气体在总压力（气体及水气）等于 101.325 kPa 时溶解于 1 体积水中的该气体体积；

q 为气体在总压力（气体及水气）等于 101.325 kPa 时溶解于 100 g 水中的气体质量（单位：g）。

气体	溶解度符号	温度/℃								
		0	10	20	30	40	50	60	80	100
H_2	$\alpha\times10^2$	2.148	1.955	1.819	1.699	1.644	1.608	1.600	1.60	1.60
	$q\times10^4$	1.843	1.740	1.603	1.474	1.384	1.287	1.178	0.79	0.00
O_2	$\alpha\times10^2$	4.889	3.802	3.102	2.608	2.306	2.090	1.946	1.761	1.70
	$q\times10^3$	6.945	5.368	4.339	3.588	3.082	2.657	2.274	1.381	0.00
N_2	$\alpha\times10^2$	2.354	1.861	1.545	1.342	1.184	1.088	1.023	0.958	0.95
	$q\times10^3$	2.942	2.312	1.901	1.624	1.391	1.216	1.052	0.660	0.00
Cl_2	I		3.148	2.299	1.799	1.438	1.225	1.023	0.683	0.00
	q		0.9972	0.7293	0.5723	0.4590	0.3925	0.3295	0.2227	0.000
Br_2（蒸气）	α	60.5	35.1	21.3	13.8	9.4	6.5	4.9	3.0	—
	q	42.9	24.8	14.9	9.5	6.3	4.1	2.9	1.2	—
空气	mL/L	29.18	22.84	18.68	15.64	—	—	—	—	—
	溶解空气中的氧/%	34.91	34.47	34.03	33.60	—	—	—	—	—
NH_3	α	1176	—	702	—	—	—	—	—	—
	q	89.5		53.1	—	—	—	—	—	—
H_2S	α	4.670	3.399	2.582	2.037	1.660	1.392	1.190	0.917	0.81
	q	0.7066	0.5112	0.3846	0.2983	0.2361	0.1883	0.1480	0.0765	0.00
CO	$\alpha\times10^2$	3.537	2.816	2.319	1.998	1.775	1.615	1.488	1.430	1.41
	$q\times10^3$	4.397	3.479	2.838	2.405	2.075	1.797	1.522	0.980	0.00
CO_2	α	1.713	1.194	0.878	0.665	0.530	0.436	0.359	—	—
	q	0.3346	0.2318	0.1688	0.1257	0.0973	0.0761	0.0576	—	—
NO	$\alpha\times10^2$	7.381	5.709	4.706	4.004	3.507	3.152	2.954	2.700	2.63
	$q\times10^3$	9.833	7.560	6.173	5.165	4.394	3.758	3.237	1.984	0.00
SO_2	I	79.789	56.647	39.374	27.161	18.766	—	—	—	—
	q	22.83	16.21	11.28	7.80	5.41	—	—	—	—

资料来源：顾庆超，楼书聪，戴庆平，等．1979．化学用表．南京：江苏科学技术出版社．

附录3　不同温度下水的饱和蒸气压

温度/℃	饱和蒸气压/kPa	温度/℃	饱和蒸气压/kPa	温度/℃	饱和蒸气压/kPa
0	0.609	29	3.996	58	18.1
1	0.655	30	4.233	59	18.97
2	0.704	31	4.481	60	19.87
3	0.756	32	4.743	61	20.81
4	0.811	33	5.018	62	21.78
5	0.87	34	5.306	63	22.79
6	0.933	35	5.609	64	23.85
7	0.999	36	5.927	65	24.94
8	1.07	37	6.26	66	26.08
9	1.145	38	6.609	67	27.26
10	1.225	39	6.975	68	28.48
11	1.309	40	7.358	69	29.76
12	1.398	41	7.746	70	31.08
13	1.494	42	8.18	71	32.45
14	1.594	43	8.618	72	33.86
15	1.701	44	9.079	73	35.34
16	1.813	45	9.533	74	36.87
17	1.932	46	10.06	75	38.45
18	2.058	47	10.59	76	40.09
19	2.191	48	11.13	77	41.78
20	2.332	49	11.71	78	43.53
21	2.48	50	12.3	79	45.35
22	2.637	51	12.93	80	47.23
23	2.802	52	13.58	81	49.17
24	2.976	53	14.26	82	51.19
25	3.16	54	14.96	83	53.28
26	3.353	55	15.7	84	55.4
27	3.556	56	16.47	85	57.67
28	3.77	57	17.27	86	59.97

续表

温度/℃	饱和蒸气压/kPa	温度/℃	饱和蒸气压/kPa	温度/℃	饱和蒸气压/kPa
87	62.34	112	152.8	137	330.9
88	64.78	113	157.87	138	340.6
89	67.3	114	163.19	139	350.46
90	69.92	115	168.64	140	360.56
91	72.62	116	174.2	145	414.56
92	75.4	117	179.95	150	474.94
93	78.28	118	185.8	155	542.11
94	81.25	119	191.92	160	616.59
95	84.31	120	198.04	165	699.05
96	87.46	121	204.42	170	790.15
97	90.7	122	210.94	175	890.3
98	94.07	123	217.59	180	1000.16
99	97.52	124	224.5	185	1120.39
100	101.3	125	231.55	190	1251.9
101	104.74	126	238.7	195	1395.04
102	108.5	127	246.18	200	1550.65
103	112.4	128	253.76	205	1586.56
104	116.39	129	261.48	210	1902.7
105	120.5	130	269.46	215	2100.47
106	124.7	131	277.57	220	2313.67
107	129.4	132	285.95	225	2543.36
108	133.09	133	294.6	230	2790.07
109	138.19	134	303.37	235	3054.74
110	143	135	312.15	240	3338.4
111	147.76	136	321.33	245	3965.79

资料来源：张向宇. 2011. 实用化学手册. 北京：国防工业出版社.

附录 4　常见沉淀物的 pH

1. 金属氧化物沉淀物的 pH(包括形成氢氧配离子的大约值)

沉淀物	开始沉淀时的 pH 初浓度[M^{n+}] 1 mol/L	开始沉淀时的 pH 初浓度[M^{n+}] 0.01 mol/L	沉淀完全时的 pH (残留离子浓度 <10^{-5} mol/L)	沉淀开始溶解时的 pH	沉淀完全溶解时的 pH
$Sn(OH)_4$	0	0.5	1	13	15
$TiO(OH)_2$	0	0.5	2.0	—	—
$Sn(OH)_2$	0.9	2.1	4.7	10	13.5
$ZrO(OH)_2$	1.3	2.3	3.8	—	—
HgO	1.3	2.4	5.0	11.5	—
$Fe(OH)_3$	1.5	2.3	4.1	14	—
$Al(OH)_3$	3.3	4.0	5.2	7.8	10.8
$Cr(OH)_3$	4.0	4.9	6.8	12	15
$Be(OH)_2$	5.2	6.2	8.8	—	—
$Zn(OH)_2$	5.4	6.4	8.0	10.5	12～13
Ag_2O	6.2	8.2	11.2	12.7	—
$Fe(OH)_2$	6.5	7.5	9.7	13.5	—
$Co(OH)_2$	6.6	7.6	9.2	14.1	—
$Ni(OH)_2$	6.7	7.7	9.5	—	—
$Cd(OH)_2$	7.2	8.2	9.7	—	—
$Mn(OH)_2$	7.8	8.8	10.4	14	—
$Mg(OH)_2$	9.4	10.4	12.4	—	—
$Pb(OH)_2$	—	7.2	8.7	10	13
$Ce(OH)_4$	—	0.8	1.2	—	—
$Th(OH)_4$	—	0.5	—	—	—
$Tl(OH)_3$	—	～0.6	～1.6	—	—
H_2WO_4	—	～0	～0	—	—
H_2MoO_4	—	—	—	～8	～9
稀土	—	6.8～8.5	～9.5	—	—
H_2UO_4	—	3.6	5.1	—	—

2. 沉淀金属硫化物的 pH

pH	被硫化氢所沉淀的金属
1	Cu、Ag、Hg、Pb、Bi、Cd、Rh、Pd、Os、As、Au、Pt、Sb、Ir、Ge、Se、Te、Mo
2～3	Zn、Ti、In、Ga
5～6	Co、Ni
>7	Mn、Fe

3. 水溶液中硫化物能沉淀时盐酸的最高浓度

硫化物	Ag_2S	HgS	CuS	Sb_2S_3	Bi_2S_3	SnS_2	CdS	PbS	SnS	ZnS	CoS	NiS	FeS	MnS
盐酸浓度/(mol/L)	12	7.5	7.0	3.7	2.5	2.3	0.7	0.35	0.30	0.02	0.001	0.001	0.0001	0.00008

资料来源：北京师范大学，东北师范大学，华中师范大学，等. 2014. 无机化学实验. 4 版. 北京：高等教育出版社.

附录 5 常见物质、离子的颜色

1. 盐

物质	颜色	物质	颜色	物质	颜色
Ag_3AsO_4	褐	Ag_2SO_3	白	$BaSO_4$	白
AgBr	淡黄	Ag_2SO_4	白	$Ba_2S_2O_3$	白
AgCN	白	$Ag_2S_2O_3$	白	BiI_3	绿黑
Ag_2CO_3	白	$AlPO_4$	白	BiOCl	白
$Ag_2C_2O_4$	白	As_2S_3	黄	$Bi(OH)CO_3$	白
AgCl	白	As_2S_5	黄	$BiONO_3$	白
Ag_2CrO_4	砖红	$BaCO_3$	白	$BiPO_4$	白
AgI	黄	BaC_2O_4	白	Bi_2S_3	棕黑
$AgNO_2$	白	$BaCrO_4$	黄	$CaCO_3$	白
Ag_3PO_4	黄	$BaHPO_4$	白	CaC_2O_4	白
Ag_2S	黑	$Ba_3(PO_4)_2$	白	CaF_2	白
AgSCN	白	$BaSO_3$	白	$CaHPO_4$	白

续表

物质	颜色	物质	颜色	物质	颜色
$Ca_3(PO_4)_2$	白	FeS	黑	$NiCO_3$	绿
$CaSO_3$	白	Hg_2Cl_2	白	$Ni_2(OH)_2SO_4$	绿
$CaSO_4$	白	$HgCrO_4$	黄	NiS	黑
$CaSiO_3$	白	HgI_2	红	$PbBr_2$	白
$CdCO_3$	白	Hg_2I_2	绿	$PbCO_3$	白
CdC_2O_4	白	$HgNH_2Cl$	白	PbC_2O_4	白
CdF_2	白	HgS	黑	$PbCl_2$	白
CdS	黄	Hg_2S	黑	$PbCrO_4$	黄
Co(OH)Cl	蓝	$Hg(SCN)_2$	白	PbI_2	黄
CoS	黑	$Hg_2(SCN)_2$	白	$Pb_3(PO_4)_2$	白
$CrPO_4$	灰绿	Hg_2SO_4	白	PbS	黑
CuBr	白	$KClO_4$	白	$PbSO_4$	白
CuCN	白	$K_2[PtCl_6]$	黄	SbOCl	白
CuCl	白	Li_2CO_3	白	Sb_2S_3	橙红
$Cu_2[Fe(CN)_6]$	红棕	LiF	白	Sb_2S_5	橙
CuI	白	$MgCO_3$	白	Sn(OH)Cl	白
$Cu(IO_3)_2$	淡蓝	MgC_2O_4	白	SnS	棕
$Cu_2(OH)_2CO_3$	淡蓝(铜绿)	MgF_2	白	SnS_2	土黄
$Cu_3(PO_4)_2$	淡蓝	$MgHPO_4$	白	$SrCO_3$	白
CuS	黑	$MgNH_4PO_4$	白	SrC_2O_4	白
Cu_2S	黑	$Mg_2(OH)_2CO_3$	白	$Sr_3(PO_4)_2$	白
CuSCN	白	$Mg_3(PO_4)_2$	白	$SrSO_4$	白
$FeCO_3$	白	$MnCO_3$	白	$ZnCO_3$	白
$FeC_2O_4 \cdot 2H_2O$	黄	MnC_2O_4	白	$Zn_3(PO_4)_2$	白
$Fe_3[Fe(CN)_6]_2$	蓝	$Mn_3(PO_4)_2$	白	ZnS	白
$Fe_4[Fe(CN)_6]_3$	蓝	MnS	肉色		
$FePO_4$	淡黄	$Na[Sb(OH)_6]$	白		

2. 氧化物、酸、碱

物质	颜色	物质	颜色	物质	颜色
NiO	暗绿	$Pb(OH)_2$	白	SrO	白
Ni_2O_3	黑	Sb_2O_3	白	$Sr(OH)_2$	白
$Ni(OH)_2$	浅绿	$Sb(OH)_3$	白	TiO_2	白
$Ni(OH)_3$	黑	SnO	黑、绿	V_2O_5	橙黄、红
PbO	黄	SnO_2	白	ZnO	白
PbO_2	棕	$Sn(OH)_2$	白	$Zn(OH)_2$	白
Pb_3O_4	红	$Sn(OH)_4$	白		

3. 离子(水溶液中)

物质	颜色	物质	颜色	物质	颜色
Ag^+	无	Bi^{3+}	无	ClO_3^-	无
$Ag(CN)_2^-$	无	Br^-	无	ClO_4^-	无
$Ag(NH_3)_2^+$	无	BrO^-	无	Co^{2+}	粉红
$Ag(S_2O_3)_2^{3-}$	无	BrO_3^-	无	$Co(CN)_6^{3-}$	紫
Al^{3+}	无	CH_3COO^-	无	$Co(NH_3)_6^{2+}$	黄
AlO_2^-	无	$C_4H_4O_6^{2-}$	无	$Co(NH_3)_6^{3+}$	橙黄
AsO_3^{3-}	无	CN^-	无	$Co(SCN)_4^{2-}$	蓝
AsO_4^{3-}	无	CO_3^{2-}	无	Cr^{2+}	蓝
AsS_3^{3-}	无	$C_2O_4^{2-}$	无	Cr^{3+}	紫
AsS_4^{3-}	无	Ca^{2+}	无	$Cr(NH_3)_6^{3+}$	黄
Au^{3+}	黄	$Cd(CN)_4^{2-}$	无	CrO_2^-	绿
$B_4O_7^{2-}$	无	$Cd(NH_3)_4^{2+}$	无	CrO_4^{2-}	黄
Ba^{2+}	无	Cl^-	无	$Cr_2O_7^{2-}$	橙
Be^{2+}	无	ClO^-	无	Cu^{2+}	淡蓝

续表

物质	颜色	物质	颜色	物质	颜色
Cu^{+}	无	I_3^-	浅棕黄	SO_3^{2-}	无
$CuBr_4^{2-}$	黄	IO_3^-	无	SO_4^{2-}	无
$CuCl_4^{2-}$	绿	K^+	无	$S_2O_3^{2-}$	无
$Cu(NH_3)_2^+$	无	Li^+	无	$S_2O_4^{2-}$	无
$Cu(NH_3)_4^{2+}$	深蓝	Mg^{2+}	无	$S_4O_6^{2-}$	无
F^-	无	Mn^{2+}	肉红	Sb^{3+}	无
Fe^{2+}	浅绿	MnO_4^-	紫	SbO_3^{3-}	无
Fe^{3+}	淡紫色	MnO_4^{2-}	绿	SbO_4^{3-}	无
$Fe(CN)_6^{3-}$	浅黄	NH_4^+	无	SbS_3^{3-}	无
$Fe(CN)_6^{4-}$	黄绿	NO_2^-	无	SbS_4^{3-}	无
$FeCl_6^{3-}$	黄	NO_3^-	无	SiO_3^{2-}	无
FeF_6^{3-}	无	Na^+	无	SnO_2^{3-}	无
$Fe(SCN)^{2+}$	血红	Ni^{2+}	绿	SnO^{2-}	无
H^+	无	$Ni(CN)_4^{2-}$	黄	SnO_2^{2-}	无
HCO_3^-	无	$Ni(NH_3)_6^{2+}$	蓝紫	SnS_2^{3-}	无
$HC_2O_4^-$	无	OH^-	无	Sr^{2+}	无
HPO_3^{2-}	无	PO_3^-	无	Ti^{3+}	紫
HPO_4^{2-}	无	PO_4^{3-}	无	V^{2+}	紫
HSO_3^-	无	$P_2O_7^{4-}$	无	V^{3+}	绿
HSO_4^-	无	Pb^{2+}	无	WO_4^{2-}	无
Hg^{2+}	无	$PbCl_4^{2-}$	无	Zn^{2+}	无
Hg_2^{2+}	无	PbO_2^{2-}	无	$Zn(NH_3)_4^{2+}$	无
$HgCl_4^{2-}$	无	S^{2-}	无	ZnO_2^{2-}	无
I^-	无	SCN^-	无		

（整理：兰子平；审定：覃松）

附录 6　常用酸、碱的浓度及配制

1. 常用酸、碱的浓度

试剂名称	密度/(g/mL)	质量分数/%	物质的量浓度/(mol/L)	试剂名称	密度/(g/mL)	质量分数/%	物质的量浓度/(mol/L)
浓硫酸	1.84	98	18	氢溴酸	1.38	40	7
稀硫酸	1.10	9	2	氢碘酸	1.70	57	7.5
浓盐酸	1.19	38	12	冰醋酸	1.05	99	17.5
稀盐酸	1.0	7	2	稀乙酸	1.04	30	5
浓硝酸	1.4	68	16	稀乙酸	1.0	12	2
稀硝酸	1.2	32	6	浓氢氧化钠	1.44	41	14.4
稀硝酸	1.1	12	2	稀氢氧化钠	1.1	8	2.2
浓磷酸	1.7	85	14.7	浓氨水	0.91	28	14.8
稀磷酸	1.05	9	1	稀氨水		3.5	2
浓高氯酸	1.67	70	11.6	氢氧化钙		0.15	
稀高氯酸	1.12	19	2	氢氧化钡		2	0.1
浓氢氟酸	1.13	40	23				

2. 常用酸、碱的一般配制

溶液	物质的量浓度(近似值)/(mol/L)	配制
稀盐酸	6	浓盐酸∶水＝1∶1(体积)
稀盐酸	2	6 mol/L 盐酸∶水＝1∶2(体积)
稀硫酸	3	浓硫酸∶水＝1∶5(体积)
稀硫酸	1	6 mol/L H_2SO_4∶水＝1∶5(体积)
浓硝酸	14.5	ρ＝1.40 g/mL，65%(质量分数)
稀硝酸	6	浓硝酸∶水＝10∶14(体积)
稀硝酸	2	6 mol/L HNO_3∶水＝1∶2(体积)
稀乙酸	6	冰醋酸 350 mL＋水 650 mL
稀乙酸	2	6 mol/L HAc∶水＝1∶2(体积)
稀氨水	6	浓氨水∶水＝2∶3(体积)
稀氨水	2	6 mol/L NH_3(ap)∶水＝1∶2(体积)
氢氧化钠	6	NaOH 240 g 溶解于水，稀释至 1 L
氢氧化钾	3	KOH 168 g 溶解于水，稀释至 1 L
氢氧化钡	0.2	$Ba(OH)_2\cdot 8H_2O$ 60 g 溶解于水，稀释至 1 L
石灰水	0.02	向水中加入足量的熟石灰，静置，取上层清液即为饱和石灰水澄清液

资料来源：(1) 北京师范大学，东北师范大学，华中师范大学，等. 2014. 无机化学实验. 4 版. 北京. 高等教育出版社.

(2) 夏玉宇. 2004. 化学实验室手册. 北京：化学工业出版社.

附录 7　弱酸、弱碱的解离常数(25 ℃)

名称	化学式	pK_a
偏铝酸	$HAlO_2$	11.2
砷酸	H_3AsO_4	2.2 6.98 11.5
次溴酸	HBrO	8.62
碳酸	H_2CO_3	6.38 10.25
氢氟酸	HF	3.18
高碘酸	$HIO_4(H_5IO_6)$	1.55 8.27 14.98
磷酸	H_3PO_4	2.12 7.20 12.36
氢硫酸	H_2S	6.88 14.15
亚硫酸	H_2SO_3	1.90 7.20
硫代硫酸	$H_2S_2O_3$	0.60 1.72
亚硒酸	H_2SeO_3	2.57 6.60
硅酸	H_2SiO_3	9.60 11.80
甲酸	HCOOH	3.75
乙醇酸	$CH_2(OH)COOH$	3.82
一氯乙酸	$CH_2ClCOOH$	2.86
二氯乙酸	$CHCl_2COOH$	1.30
丙酸	CH_3CH_2COOH	4.87
乳酸(丙醇酸)	$CH_3CHOHCOOH$	3.86
正丁酸	$CH_3(CH_2)_2COOH$	4.85

名称	化学式	pK_a
亚砷酸	H_3AsO_3	9.22
硼酸	H_3BO_3	9.24 12.74 13.8
氢氰酸	HCN	9.21
次氯酸	HClO	7.5
锗酸	H_2GeO_3	8.78 12.72
亚硝酸	HNO_2	3.29
次磷酸	H_3PO_2	1.23
亚磷酸	H_3PO_3	1.3 6.6
焦磷酸	$H_4P_2O_7$	1.52 2.36 6.60 9.25
硫酸	H_2SO_4	−3 1.92
氢硒酸	H_2Se	3.89 11.00
硒酸	H_2SeO_4	1.7
亚碲酸	H_2TeO_3	2.57 7.7
乙酸	CH_3COOH	4.76
草酸	$(COOH)_2$	1.27 4.27
氯乙酸	CCl_3COOH	0.64
丙烯酸	$CH_2{=}CHCOOH$	4.26
丙二酸	$HOOCCH_2COOH$	2.86 5.70

续表

名称	化学式	pK_a	名称	化学式	pK_a
异丁酸	$(CH_3)_2CHCOOH$	4.83	酒石酸	$HOOCCH(OH)—CH(OH)COOH$	3.04
正戊酸	$CH_3(CH_2)_3COOH$	4.84			4.37
异戊酸	$(CH_3)_2CHCH_2COOH$	4.78	谷氨酸	$HOOC(CH_2)_2CH(NH_2)COOH$	2.30
正己酸	$CH_3(CH_2)_4COOH$	4.88			4.28
异己酸	$(CH_3)_2CH(CH_2)_2COOH$	4.88			9.67
己二酸	$HOCO(CH_2)_4COOH$	4.43	乙二胺四乙酸(EDTA)	$CH_2N(CH_2COOH)_2$—$CH_2N(CH_2COOH)_2$	1.99
		5.41			2.67
柠檬酸	$HOOCCH_2C(OH)(COOH)—CH_2COOH$	3.13			6.16
		4.76			10.26
		6.40			

资料来源：(1) 张向宇. 2011. 实用化学手册. 北京：国防工业出版社.
(2) 夏玉宇. 2004. 化学实验室手册. 北京：化学工业出版社.

附录 8　标准电极电势(298.15 K)

1. 在酸性溶液中

氧化还原电对	电极电势/V	氧化还原电对	电极电势/V	氧化还原电对	电极电势/V
Ag^+/Ag	0.7996	$AgIO_3/Ag$	0.3551	$AuCl_4^-/Au$	0.994
Ag^{2+}/Ag^+ (4 mol/L $HClO_4$)	1.987	Ag_2MoO_4/Ag	0.49	Au^{3+}/Au^+	1.29
		$AgNO_2/Ag$	0.59	H_3BO_3/B	−0.73
$AgBr/Ag$	0.64	Ag_2S/Ag	−0.0366	Ba^{2+}/Ba	−2.9
$AgAc/Ag$	0.0713	$AgSCN/Ag$	0.0895	$Ba^{2+}/Ba(Hg)$	−1.570
Ag_2BrO_3/Ag	0.680	Ag_2SO_4/Ag	0.653	Be^{2+}/Be	−1.70
$Ag_2C_2O_4/Ag$	0.4776	Al^{3+}/Al	−1.706	$BiCl_4^-/Bi$	0.168
$AgCl/Ag$	0.2223	AlF_6^{3+}/Al	−2.069	Bi_2O_4/BiO^+	1.59
$AgCN/Ag$	−0.02	As_2O_3/As	0.234	BiO^+/Bi	0.32
Ag_2CO_3/Ag	0.4769	$HAsO_2/As$	0.2475	$BiOCl/Bi$	0.1583
Ag_2CrO_4/Ag	0.4463	$H_3AsO_4/HAsO_2$	0.58	$BrO(aq)/Br^-$	1.087
$Ag_4[Fe(CN)_6]/Ag$	0.1943	Au^+/Au	1.68	$Br_2(l)/Br^-$	1.066
AgI/Ag	−0.1519	Au^{3+}/Au	1.42	$HBrO/Br^-$	1.33

续表

氧化还原电对	电极电势/V	氧化还原电对	电极电势/V	氧化还原电对	电极电势/V
$HBrO/Br_2(aq)$	1.59	Cu^+/Cu	0.522	HIO/I^-	0.99
$HBrO/Br(l)$	1.6	Cu^{2+}/Cu^+	0.158	IO_3^-/I	1.195
BrO_3^-/Br_2	1.52	Cu^{2+}/Cu	0.3402	IO_3^-/I^-	1.085
BrO_3^-/Br^-	1.44	$CuCl/Cu$	0.137	In^{3+}/In^+	−0.40
Ca^{2+}/Ca	−2.76	$CuBr/Cu$	0.033	In^{3+}/In	−0.338
Cd^{2+}/Cd	−0.4026	CuI/Cu	−0.185	K^+/K	−2.921
$CdSO_4/Cd(Hg)$	−0.435	F_2/HF	3.03	La^{3+}/La	−2.37
Ce^{3+}/Ce	−2.335	F_2/F^-	2.87	Li^+/Li	−3.045
Cl_2/Cl^-	1.3583	Fe^{2+}/Fe	−0.409	Mg^{2+}/Mg	−2.375
$HClO/Cl_2$	1.63	Fe^{3+}/Fe	−0.036	Mn^{2+}/Mn	−1.029
$HClO/Cl$	1.49	Fe^{3+}/Fe^{2+}	0.770	Mn^{3+}/Mn^{2+}	1.51
$ClO_2/HClO_2$	1.27	$[Fe(CN)_6]^{3-}/$		MnO_2/Mn^{2+}	1.208
$HClO_2/HClO$	1.64	$[Fe(CN)_6]^{4-}$	0.358	MnO_4^-/MnO_4^{2-}	0.564
$HClO_2/Cl_2$	1.63	(1 mol/L H_2SO_4)		MnO_4^-/MnO_2	1.679
$HClO_2/Cl^-$	1.56	FeO_4^{2-}/Fe^{3+}	1.9	MnO_4^-/Mn^{2+}	1.491
ClO_3^-/ClO_2	1.15	Ga^{3+}/Ga	−0.560	$N_2/NH_3(aq)$	−3.1
$ClO_3^-/HClO_2$	1.21	H_2/H^-	−2.23	N_2O/N_2	1.77
ClO_3^-/Cl_2	1.47	O_2/H_2O_2	0.695	N_2O_4/NO_2	0.88
ClO_3^-/Cl^-	1.45	H_2O_2/H_2O	1.776	N_2O_4/HNO_2	1.07
ClO_4^-/ClO_3^-	1.19	Hg^{2+}/Hg	0.851	N_2O_4/NO	1.03
ClO_4^-/Cl_2	1.34	Hg^{2+}/Hg_2^{2+}	0.905	NO/N_2O	1.59
ClO_4^-/Cl^-	1.37	Hg_2^{2+}/Hg	0.7986	HNO_2/NO	0.99
Co^{2+}/Co	−0.28	Hg_2Br_2/Hg	0.1396	HNO_2/N_2O	1.27
Co^{3+}/Co^{2+}	1.842	Hg_2Cl_2/Hg	0.2682	NO_3^-/HNO_2	0.94
(3 mol/L HNO_3)		Hg_2I_2/Hg	−0.0405	NO_3^-/NO	0.96
$CO_2/HCOOH$	−0.2	Hg_2SO_4/Hg	0.6158	NO_3^-/N_2O_4	0.81
Cr^{2+}/Cr	−0.557	I_2/I^-	0.535	Na^+/Na	−2.7
Co^{3+}/Co^{2+}	−0.41	I_3^-/I^-	0.5338	Ni^{2+}/Ni	−0.23
Cr^{3+}/Cr	−0.74	H_5IO_6/IO_3^-	1.7	NiO_2/Ni^{2+}	1.93
$Cr_2O_7^{2-}/Cr^{3+}$	1.33	HIO/I_2	1.45	O_2/H_2O_2	0.682

续表

氧化还原电对	电极电势/V	氧化还原电对	电极电势/V	氧化还原电对	电极电势/V
O_2/H_2O	1.229	$S_2O_8^{2-}/SO_4^{2-}$	2.0	TeO_4^-/Te	0.472
$O_2(g)/H_2O$	2.42	$S_2O_8^{2-}/HSO_4^-$	2.123	H_6TeO_6/TeO_2	1.02
O_3/O_2	2.07	H_2SO_3/H_2SO_4	−0.08	Th^{4+}/Th	−1.90
P(白)/$PH_3(g)$	−0.063	H_2SO_3/S	0.45	Ti^{2+}/Ti	−1.63
H_3PO_2/P	−0.51	SO_4^{2-}/H_2SO_3	0.172	TiO^{2+}/Ti	−0.89
P_3PO_3/H_3PO_2	−0.50	$SO_4^{2-}/S_2O_6^{2-}$	−0.2	Ti^{3+}/Ti^{2+}	−0.2
H_3PO_3/P	−0.49	Sb/SbH_3	−0.51	TiO^{2+}/Ti^{3+}	0.1
H_3PO_4/H_3PO_3	−0.276	Sb_2O_3/Sb	0.1445	TiO_2/Ti^{2+}	−0.86
Pb^{2+}/Pb	−0.1262	Sb_2O_5/SbO^+	0.64	Tl^+/Tl	−0.3363
$PbBr_2/Pb$	−0.275	SbO^+/Sb	0.212	V^{2+}/V	−1.2
$PbCl_2/Pb$	−0.262	Se/H_2Se	−0.36	V^{3+}/V^{2+}	−0.255
PbF_2/Pb	−0.3444	H_2SeO_3/Se	0.74	VO^{2+}/V^{3+}	0.337
PbI_2/Pb	−0.368	SeO_4^{2-}/H_2SeO_3	1.15	VO_2^+/VO^{2+}	1.00
PbO_2/Pb^{2+}	1.46	SiF_6^{2-}/Si	−1.2	$V(OH)_4^+/VO^{2+}$	1.00
$PbO_2,SO_4^{2-}/PbSO_4$	1.685	SiO_2(石英)/Si	−0.857	$V(OH)_4^+/V$	−0.25
$PbSO_4/Pb$	−0.356	Sn^{2+}/Sn	−0.1364	W_2O_5/WO_2	−0.04
Pd^{2+}/Pd	0.83	Sn^{4+}/Sn^{2+}	0.15	WO_2/W	−0.12
$PdCl_4^{2-}/Pd$	0.623	Sr^+/Sr	−4.10	WO_3/W	−0.09
Pt^{2+}/Pt	1.2	Sr^{2+}/Sr	−2.89	WO_3/W_2O_5	−0.03
Rb^+/Rb	−2.925	$Sr^{2+}/Sr(Hg)$	−1.793	Y^{3+}/Y	−2.37
Re^{3+}/Re	0.3	Te/H_2Te	−0.69	Zn^{2+}/Zn	−0.7628
S/H_2S	0.141	Te^{4+}/Te	0.63		
$S_2O_6^{2-}/H_2SO_3$	0.6	TeO_2/Te	0.593		

2. 在碱性溶液中

氧化还原电对	电极电势/V	氧化还原电对	电极电势/V	氧化还原电对	电极电势/V
$AgCN/Ag$	−0.02	AsO_2^-/As	−0.68	$Be_2O_3^{2-}/Be$	−2.28
$[Ag(CN)_2]^-/Ag$	−0.31	AsO_4^{3-}/AsO_2^- (1 mol/L NaOH)	−0.08	Bi_2O_3/Bi	−0.46
Ag_2O/Ag	0.342			BrO^-/Br^- (1 mol/L NaOH)	0.70
AgO/Ag_2O	0.599	$H_2BO_3^-/BH_4^-$	−1.24		
Ag_2S/Ag	−0.7051	$H_2BO_3^-/B$	−2.5	BrO_3^-/Br^-	0.61
H_2AlO_3/Al	−2.35	$Ba(OH)_2/Ba$	−2.97	$Ca(OH)_2/Ca$	−3.02

续表

氧化还原电对	电极电势/V	氧化还原电对	电极电势/V	氧化还原电对	电极电势/V
$Ca(OH)_2/Ca(Hg)$	−0.761	HgO/Hg	0.0984	PO_4^{3-}/HPO_3^{2-}	−1.05
ClO^-/Cl^-	0.90	$H_3IO_3^{2-}/IO_3^-$	0.70	PbO/Pb	−0.576
ClO_2^-/ClO^-	0.59	IO^-/I^-	0.485	$HPbO_2/Pb$	−0.54
ClO_2^-/Cl^-	0.76	IO_3^-/I^-	0.26	PbO_2/PbO	0.28
ClO_3^-/ClO_2^-	0.35	Ir_2O_3/Ir	0.1	$Pd(OH)_2/Pd$	0.1
ClO_3^-/Cl^-	0.62	$La(OH)_3/La$	−2.76	$Pt(OH)_2/Pt$	0.16
ClO_4^-/ClO_3^-	0.17	$Mg(OH)_3/Mg$	−2.67	ReO_4^-/Re	−0.81
$[Co(NH_3)_6]^{3+}/$ $[Co(NH_3)_6]^{2+}$	0.1	MnO_4^-/MnO_2	0.580	S/S^{2-}	−0.508
		MnO_4^{2-}/MnO_2	0.60	S/HS^-	−0.478
$Co(OH)_2/Co$	−0.73	$Mn(OH)_2/Mn$	−1.47	$S_4O_6^{2-}/S_2O_3^{2-}$	0.09
$Co(OH)_3/Co(OH)_2$	0.2	NO/N_2O	0.76	$SO_3^{2-}/S_2O_4^{2-}$	−1.12
CrO_2^-/Cr	−1.2	NO_2^-/N_2^{2-}	−0.18	$SO_3^{2-}/S_2O_3^{2-}$	−0.58
$CrO_4^{2-}/Cr(OH)_3$	−0.12	NO_2^-/N_2O	0.15	SO_4^{2-}/SO_3^{2-}	−0.92
$Cr(OH)_3/Cr$	−1.3	NO_2^-/NO_2	0.01	SbO_2^-/Sb	−0.66
$Cu^{2+}/[Cu(CN)_2]^-$	1.12	NO_3^-/N_2O_4	−0.85	SbO_3^-/SbO_2^-	−0.59
$[Cu(CN)_2]^-/Cu$	−0.429	$Ni(OH)_2/Ni$	−0.66	SeO_3^{2-}/Se	−0.35
Cu_2O/Cu	−0.361	$Ni(OH)_3/Ni(OH)_2$	0.48	SeO_4^{2-}/SeO_3^{2-}	0.03
$Cu(OH)_2/Cu$	−0.224	O_2/HO_2^-	−0.076	SiO_3^{2-}/Si	−1.73
$Cu(OH)_2/Cu_2O$	−0.09	O_2/H_2O_2	−0.146	$HSnO_2^-/Sn$	−0.79
$[Fe(CN)_6]^{3-}/$ $[Fe(CN)_6]^{4-}$ (1 mol/L H_2SO_4)	0.69	O_2/OH^-	0.401	$Sn(OH)_3^{2-}/HSnO_2^-$	−2.88
		O_3/O_2	1.24	$Sr(OH)_2/Sr$	−2.99
		HO_2^-/OH^-	0.87	Te/Te^{2-}	−1.143/ −0.92
$Fe(OH)_3/Fe(OH)_2$	−0.56	$P/PH_3(g)$	−0.87		
H_2GaO_3/Ga	−1.22	$H_2PO_2^-/P$	−1.82	Tl_2O_3/Tl^+	0.02
H_2O/H_2	−0.8277	$HPO_3^{2-}/H_2PO_2^-$	−1.65	ZnO_2^-/Zn	−1.216
Hg_2O/Hg	0.123	HOP_3^{2-}/P	−1.71		

资料来源：(1) 夏玉宇. 2004. 化学实验室手册. 北京：化学化工出版社.

(2) 北京师范大学，东北师范大学，华中师范大学，等. 2014. 无机化学实验. 北京：高等教育出版社.

附录9　危险药品的分类、性质和管理

危险药品是指受光、热、空气、水或撞击等外界因素的影响，可能引起燃烧、爆炸的药品，或具有强腐蚀性、剧毒性的药品。常用危险品按危险性可分为以下几类来管理。

类别		举例	性质	管理或使用注意事项
爆炸品		硝酸铵、苦味酸、三硝基苯、2,4,6-三硝基甲苯(TNT)	遇高热、摩擦、撞击等引起剧烈反应，放出大量气体和热量，产生剧烈爆炸	存放于阴凉、干燥、通风、低温处，轻拿、轻放
易燃品	易燃液体	丙酮、乙醚、甲醇、乙醇、苯等有机溶剂	沸点低、易挥发，遇火则燃烧，甚至引起爆炸	存放阴凉通风处，远离热源、火种、氧化剂及氧化性酸
	易燃固体	赤磷、硫、萘、硝化纤维	燃点低，受热、摩擦、撞击或遇氧化剂可引起剧烈连续燃烧、爆炸	存放阴凉通风处，远离热源、火种、氧化剂及氧化性酸；不可与其他危险化学品混合放置
	易燃气体	氢气、乙炔、甲烷	因撞击、受热引起燃烧；与空气按一定比例混合，则会爆炸	使用时注意通风，如为钢瓶气，不得在实验室存在
	遇水易燃品	钠、钾	遇水剧烈反应，产生可燃气体并放出热量，此反应热会引起燃烧	保存于煤油中，切勿与水接触
	自燃物品	黄磷	在适当温度下被空气氧化、放热，达到燃点而引起自燃	保存于水中
氧化剂		硝酸钾、氯酸钾、过氧化氢、过氧化钠、高锰酸钾	具有强氧化性，遇酸、受热，与有机物、易燃品、还原剂等混合时，因反应引起燃烧或爆炸	不得与易燃品、爆炸品、还原剂等一起存放
剧毒品		氰化钾、三氧化二砷、升汞、氯化钡、六六六	剧毒，少量侵入人体(误食或接触伤口)可引起中毒，甚至死亡	专人专柜保管，现用现领，用后的剩余物不论是固体或液体都应交回保管人，并应设有使用登记制度
腐蚀性药品		强酸、氟化氢、强碱、溴、酚	具有强腐蚀性，触及物品造成腐蚀、破坏，触及人体皮肤，引起化学烧伤	不要与氧化剂、易燃品、爆炸品放在一起

资料来源：王晶禹，张树海. 2005. 危险化学品储存. 北京：化学工业出版社.

附录10　某些配离子的稳定常数(298.15 K)

配离子	$K_{稳}$	配离子	$K_{稳}$	配离子	$K_{稳}$
$AgCl_2^-$	1.84×10^{5}	$Co(SCN)_4^{2-}$	3.8×10^{2}	HgI_4^{2-}	5.66×10^{29}
$AgBr_2^-$	1.93×10^{7}	CrY^-	1.0×10^{23}	$Hg(NH_3)_4^{2+}$	1.95×10^{19}
AgI_2^-	4.80×10^{10}	$Cr(OH)_4^-$	8.0×10^{29}	$Hg(NCS)_4^{2-}$	4.98×10^{21}
$Ag(NH_3)^+$	20×10^{3}	$CuCl_2^-$	6.91×10^{4}	HgS_2^{2-}	3.36×10^{51}
$Ag(NH_3)_2^+$	1.7×10^{7}	$Cu(CN)_2^-$	9.98×10^{23}	$Hg(ox)_2^{2-}$	9.5×10^{6}
$Ag(CN)_2^-$	1.0×10^{21}	$Cu(EDTA)^{2-}$	5.0×10^{18}	$Ni(CN)_4^{2-}$	1.31×10^{30}
$Ag(SCN)_2^-$	4.0×10^{8}	$Cu(NH_3)_4^{2+}$	2.30×10^{12}	$Ni(EDTA)^{2-}$	3.6×10^{18}
AgY^{3-}	2.0×10^{7}	$Cu(ox)_2^{2-}$	3.0×10^{8}	$Ni(en)_3^{2+}$	2.1×10^{18}
$Ag(en)_2^+$	7.0×10^{7}	$Cu(P_2O_7)_2^{6-}$	8.24×10^{8}	$Ni(NH_3)_6^{2+}$	8.97×10^{8}
$Ag(S_2O_3)_2^{3-}$	1.6×10^{13}	FeF^{2+}	7.1×10^{6}	$Ni(ox)_3^{4-}$	3.0×10^{8}
AlF_6^{3-}	6.9×10^{19}	FeF_2^+	3.8×10^{11}	$PbCl_3^-$	27.2
$Al(OH)_4^-$	3.31×10^{33}	$Fe(CN)_6^{3-}$	4.1×10^{52}	$PbCl_4^{2-}$	1.0×10^{16}
$Al(ox)_3^{3-}$	2.0×10^{16}	$Fe(CN)_6^{4-}$	4.2×10^{45}	$Pb(NH_3)_4^{2+}$	2.0×10^{35}
$BiCl_4^-$	7.96×10^{6}	$Fe(EDTA)^-$	1.7×10^{24}	$Pb(EDTA)^{2-}$	(2×10^{18})
CaY^{2-}	(3.7×10^{10})	$Fe(EDTA)^{2-}$	2.1×10^{14}	PbI_4^{2-}	1.66×10^{4}
$CdCl_4^{2-}$	6.3×10^{2}	$Fe(en)_3^{2+}$	5.0×10^{9}	$Pb(OH)_3^-$	8.27×10^{13}
$Cd(CN)_4^{2-}$	1.3×10^{18}	$Fe(ox)_3^{3-}$	2.0×10^{20}	$Pb(ox)_2^{2-}$	3.5×10^{6}
$Cd(en)_3^{2+}$	1.2×10^{12}	$Fe(ox)_3^{4-}$	1.7×10^{5}	$Pb(S_2O_3)_3^{4-}$	2.2×10^{6}
$Cd(NH_3)_4^{2+}$	3.6×10^{6}	$Fe(SCN)^{2+}$	8.9×10^{2}	$Pb(CH_3COO)^+$	152
CoY^-	1.6×10^{16}	$Fe(NCS)^{2+}$	9.1×10^{2}	$Pb(CH_3COO)_2$	826
CoY_2^{2-}	2.0×10^{16}	$HgBr_4^{2-}$	9.22×10^{20}	$Zn(CN)_4^{2-}$	1.0×10^{18}
$Co(en)_3^{2+}$	8.7×10^{13}	$HgCl^+$	5.73×10^{6}	$Zn(EDTA)^{2-}$	3.0×10^{16}
$Co(en)_3^{3+}$	4.8×10^{48}	$HgCl_2$	1.46×10^{13}	$Zn(OH)_4^{2-}$	2.83×10^{14}
$Co(NH_3)_6^{3+}$	1.4×10^{35}	$HgCl_4^{2-}$	1.31×10^{15}	$Zn(NH_3)_4^{2+}$	3.6×10^{8}
$Co(NH_3)_6^{2+}$	2.4×10^{4}	$Hg(CN)_4^{2-}$	3.0×10^{41}	$Zn(en)_3^{2+}$	1.3×10^{14}
$Co(ox)_3^{2-}$	1.0×10^{20}	$Hg(EDTA)^{2-}$	6.3×10^{21}	$Zn(ox)_3^{4-}$	1.4×10^{8}
$Co(ox)_3^{4-}$	5.0×10^{9}	$Hg(en)_2^{2+}$	2.0×10^{23}		

资料来源：(1) 张向宇. 2011. 实用化学手册. 北京：国防工业出版社.

(2) 夏玉宇. 2004. 化学实验室手册. 北京：化学工业出版社.

附录 11 难溶化合物的溶度积常数

分子式	K_{sp}	分子式	K_{sp}	分子式	K_{sp}
Ag_3AsO_4	1.0×10^{-22}	$BaCO_3$	4.0×10^{-10}	$CoC_2O_4\cdot2H_2O$	6×10^{-8}
AgBr	5.0×10^{-13}	$BaC_2O_4\cdot H_2O$	2.3×10^{-8}	$Co(OH)_2$(蓝)	6.3×10^{-15}
$AgBrO_3$	5.30×10^{-5}	$BaCrO_4$	1.2×10^{-10}	$Co(OH)_2$(粉红,新沉淀)	1.6×10^{-15}
AgCl	1.8×10^{-10}	$BaSO_4$	1.1×10^{-10}		
AgCN	1.4×10^{-16}	BaS_2O_3	1.6×10^{-5}	$Co(OH)_2$(粉红,陈化)	2×10^{-16}
Ag_2CO_3	8.1×10^{-12}	$BaSeO_3$	2.7×10^{-7}		
$Ag_2C_2O_4$	3.5×10^{-11}	$BaSeO_4$	3.5×10^{-8}	$CoHPO_4$	2.0×10^{-7}
Ag_2CrO_4	1.1×10^{-12}	$Be(OH)_2$②	6×10^{-22}	$CrAsO_4$	7.7×10^{-21}
$Ag_2Cr_2O_7$	2.0×10^{-7}	$BiAsO_4$	4.4×10^{-10}	$Cr(OH)_3$	6.3×10^{-31}
AgI	8.3×10^{-17}	$Bi(OH)_3$	3×10^{-32}	$CrPO_4$(绿)	2.4×10^{-23}
$AgIO_3$	3.0×10^{-8}	$BiPO_4$	1.3×10^{-23}	$CrPO_4$(紫)	1.0×10^{-17}
$Ag_2O(Ag^+,OH^-)$	2.0×10^{-8}	$CaCO_3$(文石)	6.0×10^{-9}	CuBr	5.3×10^{-9}
Ag_2MoO_4	2.8×10^{-12}	$CaCO_3$(方解石)	4.5×10^{-9}	CuCl	1.2×10^{-6}
Ag_3PO_4	1.4×10^{-16}	$CaC_2O_4\cdot H_2O$	4.0×10^{-9}	CuCN	3.2×10^{-20}
Ag_2S	6×10^{-50}	CaF_2	2.7×10^{-11}	$CuCO_3$	2×10^{-10}
AgSCN	1.0×10^{-12}	$CaMoO_4$	4.2×10^{-8}	CuI	1.1×10^{-12}
Ag_2SO_3	1.5×10^{-14}	$Ca(OH)_2$	3.7×10^{-8}	$Cu(OH)_2$	1.3×10^{-20}
Ag_2SO_4	1.4×10^{-5}	$Ca_3(PO_4)_2$	2.0×10^{-29}	$Cu_3(PO_4)_2$	1.3×10^{-37}
Ag_2SeO_3	1.0×10^{-15}	$CaSO_4$	2.5×10^{-7}	Cu_2S	3×10^{-48}
Ag_2SeO_4	5.6×10^{-8}	$CaSiO_3$	2.5×10^{-8}	CuS	6×10^{-36}
$AgVO_3$	5.0×10^{-7}	$CaWO_4$	8.7×10^{-9}	CuSe	1×10^{-49}
Ag_2WO_4	5.5×10^{-12}	$CdCO_3$	5.2×10^{-12}	$Dy(OH)_3$(新)	8×10^{-24}
$Al(OH)_3$①	1.3×10^{-33}	$CdC_2O_4\cdot3H_2O$	9.1×10^{-8}	$Dy(OH)_3$(陈)	1.3×10^{-26}
$AlPO_4$	5.8×10^{-19}	$Cd_3(PO_4)_2$	3×10^{-33}	$Er(OH)_3$(新)	4.1×10^{-24}
Al_2S_3	2.0×10^{-7}	CdS	8.0×10^{-27}	$Er(OH)_3$(陈)	2.7×10^{-27}
$Au(OH)_3$	5.5×10^{-46}	$CdSeO_3$	1.3×10^{-9}	$Eu(OH)_3$(新)	8.9×10^{-24}
$AuCl_3$	3×10^{-25}	$CePO_4$	1.0×10^{-23}	$Eu(OH)_3$(陈)	2.9×10^{-27}
AuI_3	1×10^{-46}	$Co_3(AsO_4)_2$	7.6×10^{-29}	$FeAsO_4$	5.7×10^{-21}
$Ba_3(AsO_4)_2$	8.0×10^{-51}	$CoCO_3$	1.1×10^{-10}	$FeCO_3$	2.1×10^{-11}

续表

分子式	K_{sp}	分子式	K_{sp}	分子式	K_{sp}
$Fe(OH)_2$	8.0×10^{-16}	$Mg(OH)_2$(陈)	1.3×10^{-11}	$Pd(OH)_4$	6.3×10^{-71}
$Fe(OH)_3$(新)	3×10^{-39}	$Mg_3(PO_4)_2\cdot8H_2O$	6.3×10^{-26}	$Pr(OH)_3$(新)	8.3×10^{-23}
$Fe(OH)_3$(陈)	4×10^{-40}	$Mn_3(AsO_4)_2$	1.9×10^{-29}	$Pr(OH)_3$(陈)	2.2×10^{-29}
$FePO_4$	1.3×10^{-22}	$MnCO_3$	5.0×10^{-10}	$Pt(OH)_2$	1.0×10^{-35}
FeS	6.3×10^{-18}	MnS(粉红)	3×10^{-10}	$Pu(OH)_3$	2.0×10^{-20}
$Ga(OH)_3$	7.0×10^{-36}	MnS(绿)	3×10^{-13}	$Pu(OH)_4$	1×10^{-55}
$Gd(OH)_3$	1.3×10^{-27}	$Ni_3(AsO_4)_2$	3.1×10^{-26}	$RaSO_4$	4.2×10^{-11}
Hg_2Br_2	5.6×10^{-23}	$NiCO_3$	1.3×10^{-7}	$Rh(OH)_3$	1×10^{-23}
Hg_2Cl_2	1.3×10^{-18}	NiC_2O_4	4.0×10^{-10}	$Ru(OH)_3$	1×10^{-38}
HgC_2O_4	1.0×10^{-7}	$Ni(OH)_2$(新)	2.0×10^{-15}	Sb_2S_3	1.6×10^{-93}
Hg_2CO_3	8.9×10^{-17}	$Ni_3(PO_4)_2$	5.0×10^{-31}	ScF_3	4.2×10^{-18}
$Hg_2(CN)_2$	5.0×10^{-40}	α-NiS	3×10^{-19}	$Sc(OH)_3$	2.0×10^{-30}
Hg_2CrO_4	2.0×10^{-9}	β-NiS	1.0×10^{-24}	$Sm(OH)_3$	1.3×10^{-24}
HgI_2	2.82×10^{-29}	γ-NiS	2.0×10^{-26}	$Sn(OH)_2$(Sn^{2+}, $2OH^-$)	6.3×10^{-27}
$Hg_2(IO_3)_2$	2.0×10^{-14}	$Pb_3(AsO_4)_2$	4.1×10^{-36}		
$Hg_2(OH)_2$	2×10^{-24}	$PbBr_2$	4.0×10^{-5}	$Sn(OH)_4$	1.0×10^{-56}
HgSe	1.6×10^{-60}	$PbCl_2$	1.6×10^{-5}	SnS	1.0×10^{-25}
HgS(红)	4.0×10^{-53}	$PbCO_3$	7.4×10^{-14}	$Sr_3(AsO_4)_2$	8.1×10^{-19}
HgS(黑)	1.6×10^{-52}	$PbCrO_4$	1.8×10^{-14}	$SrCO_3$	1.1×10^{-10}
Hg_2WO_4	1.1×10^{-17}	PbF_2	2.7×10^{-8}	$SrC_2O_4\cdot H_2O$	1.6×10^{-7}
$Ho(OH)_3$	5×10^{-23}	$PbMoO_4$	1.0×10^{-13}	SrF_2	2.5×10^{-9}
$In(OH)_3$	1.3×10^{-37}	$Pb(OH)_2$	1.2×10^{-15}	$Sr_3(PO_4)_2$	4.0×10^{-28}
$InPO_4$	2.3×10^{-22}	$Pb(OH)_4$(Pb^{4+}, $4OH^-$)	3×10^{-66}	$SrSO_4$	3.2×10^{-7}
In_2S_3	5.7×10^{-74}			$SrWO_4$	1.7×10^{-10}
$LaPO_4$	3.7×10^{-23}	$Pb_3(PO_4)_2$	8.0×10^{-43}	$Tb(OH)_3$(新)	1.3×10^{-23}
$Lu(OH)_3$(新)	1.9×10^{-24}	PbS(新)	$2.5.0\times10^{-27}$	$Tb(OH)_3$(陈)	1.6×10^{-26}
$Lu(OH)_3$(陈)	1.0×10^{-27}	PbS(陈)	1.3×10^{-28}	$Te(OH)_4$	3.0×10^{-54}
$Mg_3(AsO_4)_2$	2.1×10^{-20}	$PbSO_4$	1.7×10^{-8}	$Th(C_2O_4)_2$	1.1×10^{-25}
$MgCO_3$	3.5×10^{-8}	PbSe	1×10^{-38}	$Th(IO_3)_4$	3×10^{-15}
$MgCO_3\cdot3H_2O$	2.14×10^{-5}	$PbSeO_4$	1.4×10^{-7}	$Th(OH)_4$	2×10^{-45}
$Mg(OH)_2$(新)	6×10^{-10}	$Pd(OH)_2$	1.0×10^{-31}	$Ti(OH)_3$	1×10^{-40}

续表

分子式	K_{sp}	分子式	K_{sp}	分子式	K_{sp}
$TlBr$	3.8×10^{-6}	$UO_2(OH)_2$(陈)	1.1×10^{-22}	$ZnCO_3$	1.4×10^{-11}
$TlCl$	1.7×10^{-4}	$VO(OH)_2$	7.4×10^{-23}	$Zn(OH)_2$③(新)	1.2×10^{-17}
Tl_2CrO_4	9.8×10^{-13}	$Y(OH)_3$(新)	5×10^{-24}	$Zn(OH)_2$(陈)	3×10^{-17}
TlI	6.5×10^{-8}	$Y(OH)_3$(陈)	3×10^{-25}	$Zn_3(PO_4)_2$	9.1×10^{-33}
TlN_3	2.2×10^{-4}	$Yb(OH)_3$(新)	2.5×10^{-24}	α-ZnS	1.6×10^{-24}
Tl_2S	5×10^{-21}	$Yb(OH)_3$(陈)	8.7×10^{-26}	β-ZnS	2.5×10^{-22}
$TlSeO_3$	2.0×10^{-39}	$Zn_3(AsO_4)_2$	1.1×10^{-27}	$ZrO(OH)_2$	6.3×10^{-49}
$UO_2(OH)_2$(新)	1.4×10^{-21}				

资料来源：(1) 夏玉宇. 2004. 化学实验室手册. 北京:化学工业出版社.

(2) 张向宇. 2001. 实用化学手册. 北京:国防工业出版社.

注：①～③表示形态均为无定形。

色　之　属

——《说文解字》:“凡色之属皆从色”

红

《说文解字》：“赤，南方色也”、“彤，丹饰也”、“绛色，浅绛色”。
《书·洪范·五行传》：“赤者，火色也。”

鲜红	红	洋红	胭脂红	绛	朱红	品红
山茶红	粉红	浅珍珠红	玫红	桃花	浅粉红	酒红

橙

《谴意》：“衰年催酿黍，细雨更移橙。”——杜甫
《赠刘景文》：“一年好景君须记，最是橙黄橘绿时。”　——苏轼

橘	柿子橙	橙	阳橙	热带橙	蜜橙	杏黄
沙棕	米	灰土	驼	椰褐	褐	咖啡

黄

《说文解字》：“黄，地之色也”、“浅橄榄色”。
《易·坤》：“天玄而地黄，解得黄矢。”
《红楼梦》：“一样雨过天青，一样秋香色。”

卡其黄	万寿菊黄	铬黄	黄	明黄	韭黄	淡黄	豆黄

绿

《说文解字》：“绿，帛青黄色也。”
《楚辞·橘颂》：“绿叶素荣。”

孔雀绿	薄荷绿	绿	碧绿	钴绿	苔藓绿	苹果绿	嫩绿
草绿	黄绿	豆绿					

青

《说文解字》：“青，东方色也。”本义是“蓝色”、“正东曰青州”。
《荀子·劝学》：“青取之于蓝，而青于蓝。”

雅青	青	薄荷青	苍	淡青

蓝

《说文解字》：“蓝，染青草也。”
《东到金华山观》：“上有蔚蓝天。”

波斯蓝	普鲁士蓝	深蓝	蓝	钴蓝	天空蓝
蔚蓝	湖蓝	春水蓝	淡蓝	粉蓝	水蓝

紫

《说文解字》："紫，帛黑赤色也"、"黱，画眉也。从黑，朕声"。
《论语乡党》："红紫不以为亵服。"
《古柏行》："霜皮溜雨四十围，黛色参天二千尺。"

紫黑　缬草紫　紫　明紫　淡紫红　粉紫　浅紫　紫丁香
淡紫丁

白

《史记·封禅书》："太一宰则衣紫及绣。五帝各如其色，日赤，月白。"
《说文解字》："与象牙相似的淡黄颜色。"

月白　乳白　白

灰

《说文解字》："灰，死火余烬也。"

暗灰　昏灰　灰　银灰　亮灰

黑

《说文解字》："火所熏之色也。从炎，上出。凡黑之属皆从黑。"
《周礼·考工记·钟氏》："五入为緅，五入为缁。"

黑

可见光波长

	波长/nm	频率/THz
红 色	625～740	480～405
橙 色	590～625	510～480
黄 色	565～590	530～510
绿 色	500～565	600～530
青 色	485～500	620～600
蓝 色	440～485	680～620
紫 色	380～440	790～680

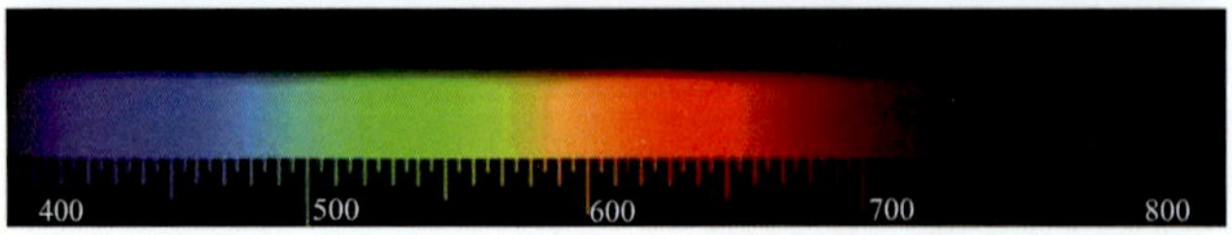

（编辑：覃松　朱宇萍；制作：朱宇萍）